Dios está más Cerca de lo que te Imaginas

Dios está más Cerca de lo que te Imaginas

Juan Carlos Ortiz

Prefacio de Robert H. Schuller

✶ EDITORIAL BETANIA

© 1995 EDITORIAL CARIBE
P.O. Box 141000
Nashville, TN 37214-1000

Título en inglés: *God is Closer Than You Think*
© 1992 por *Juan Carlos Ortiz*
Publicado por *Servant Publications*

ISBN: 0-88113-132-6

Traductoras: *Adriana y Virginia Powell*

Impreso en EE.UU.
Printed in U.S.A.
E-mail: caribe@editorialcaribe.com
8ª Impresión
www.caribebetania.com

Contenido

Prólogo

MUCHOS TENEMOS INTERROGANTES acerca de la oración que no nos atrevemos a plantear: ¿Cuántas veces debo repetir la misma oración? ¿Me dará Dios todo lo que le pido? ¿Se opondrá Dios si oro pidiendo la salvación de otros? ¿Es la oración una especie de moneda con la que se compra bendiciones de Dios? ¿Obtendré más bendición si oro media hora en lugar de si lo hago durante quince minutos? ¿Por qué no recibo lo que pido a pesar de orar con insistencia? ¿Qué significa orar sin cesar? ¿Qué puedo hacer para ver contestadas mis oraciones? ¿Qué puedo hacer para que mi vida de oración me resulte placentera? ¿Por qué a veces sólo el silencio es la respuesta a mis oraciones?

El Dr. Ortiz analiza estas y otras cuestiones con extraordinaria audacia. Su infancia transcurrió en un hogar de oración. Su madre y sus cuatro hermanos aún hoy siguen predicando la Palabra. Durante su niñez, adolescencia y juventud, en su hogar habían vigilias de oración cada viernes por la noche hasta el atardecer del sábado.

Juan Carlos Ortiz es una autoridad en la oración. Ha practicado el ayuno, la guerra espiritual, la contemplación y la meditación. Ha orado en silencio y a viva voz, solo en la cumbre de una montaña, en cadenas de oración, en grupos carismáticos, en monasterios y con los enfermos. En este libro narra muchas de sus experiencias, tanto positivas como negativas, y ofrece una renovada percepción acerca de esa íntima relación con Dios.

Ortiz es también pastor y consejero. Ha estado con los que sufren y con los que buscan en Dios la solución a sus problemas y dificultades. En este libro enfrenta el desafío de la oración de manera práctica y clara para responder a las dudas y a los obstáculos que encuentran todos los creyentes sinceros.

Cuando abra estas páginas encontrará que Juan Carlos Ortiz reta algunas de sus creencias tradicionales. En otras, lo hará reírse de sí mismo. Pero más que cualquier otra cosa, ¡aprenderá a hacer de la oración la experiencia más deseada y agradable de su vida! *Dios está más cerca de lo que te imaginas* es un libro que le aclarará lo que le preocupa sobre la oración. Quitará esa culpa que tenemos por no orar lo «suficiente» y lo capacitará para que crezca fuerte su relación con Dios.

Dr. Robert H. Schuller
Pastor Fundador de
The Crystal Cathedral

1 || *Dios está por dentro*

«¡ATENCIÓN!», clamaba el hombre de mirada salvaje en el desierto de Judea. «El reino de los cielos se acerca. Es mejor que se arrepientan, si saben lo que es bueno para ustedes».

Juan el Bautista no era como cualquier otro judío. Se vestía con pelo de camello, vivía en tierras desérticas, pero arrastraba tanto a la gente común como a las personas respetables de Jerusalén e incluso de más lejos. Algunos confesaban sus pecados y eran bautizados. Eran afortunados, creían que Juan tenía razón en cuanto al reino de los cielos.

La tarea de Juan se confirmó cuando el Mesías llegó en busca del bautismo. Los cielos se abrieron y el Espíritu Santo descendió en forma de paloma, asentándose sobre el carpintero de Nazaret. Entonces una voz desde los cielos dijo: «Este es mi Hijo amado, en quien tengo complacencia» (Mateo 3.17).

A partir de ese momento, el Reino creció. No habían fronteras, ni papeles de ciudadanía, ni murallas que lo encerraran. Pero si tuviera que hacer un censo del espíritu, hubiera descubierto algo insólito, más extraño que cualquier historia de ciencia ficción: este Rey sin corona dejó parte de sí, semillas espirituales, en cada uno de sus seguidores. Esas semillas crecieron. Es más, no morirían nunca si los que las tuvieran las nutrieran.

Jesús el hombre murió. Resucitó y apareció a muchos, y pronto salió físicamente. Pero su Reino permaneció. No en edificios, ni en el poderío militar, ni en un gobierno civil, sino en el mismo lugar en el que comenzó: en el corazón de los hombres.

Esto podría haber sido un insondable misterio, pero Dios decidió darle el secreto a su pueblo. Pablo explicó a los colosenses que Dios lo comisionó como «ministro, según la administración de Dios que me fue dada para con vosotros, para que anuncie cumplidamente la palabra de Dios, el misterio que había estado oculto desde los siglos y edades, pero que ahora ha sido manifestado a sus santos, a quienes Dios quiso dar a conocer las riquezas de la gloria de este misterio entre los gentiles; que es Cristo en vosotros, la esperanza de gloria» (Colosenses 1.25-27).

Cristo en vosotros, la esperanza de gloria. La esperanza del Padre, la esperanza de los ángeles, la esperanza de los profetas, la esperanza del Reino de Dios es Cristo en nosotros. Las eras y generaciones antes de Jesús apuntaban a aquel día cuando Dios no establecería sus demandas en un montón de rocas, ni en una montaña envuelta en nubes, ni en un lujoso templo, sino en el corazón de su pueblo. Entonces lo hizo. Cristo no alquila nuestro corazón por unos meses, ni una vez por semana. Él nos ha transformado en su propia morada.

De eso trata este libro: *Cristo vive en nosotros, Cristo habla con nosotros, Cristo obra en nosotros.* Nada espeluznante, nada inalcanzable, nada sombrío. Todo lo contrario. Exploraremos el motor viviente que Dios ha puesto en personas de carne y hueso, para la expansión del Reino que se acerca. Pablo dijo: «Dios es el que en vosotros produce así el querer como el hacer, por su buena voluntad» (Filipenses 2.13). ¿Quiere que los buenos propósitos de Dios salgan a la superficie en su vida? Entonces para comenzar reconozca que Dios está en usted.

JUGAR A LAS ESCONDIDAS

En el Antiguo Testamento, Dios estaba en todas partes. No estoy seguro si alguien sabía exactamente dónde estaba, pero sabían que no caminaba por los alrededores de Judea y Samaria. «*Alzaré mis ojos a los montes*», solían decir. «*Alzad* vuestras manos al santuario». La tierra era el estrado de sus pies, pero, ¿dónde estaba exactamente su asiento? Por supuesto, Dios estaba en los cielos; pero, ¿en qué otra parte que no fuera arriba estaban los cielos?

Como Dios estaba distante, si lo necesitaba, debía buscarlo mucho para encontrarlo. Para complicar aun más las cosas, nunca podía saber si respondería su llamado. «Buscad a Jehová mientras puede ser hallado» (Isaías 55.6).

Pero cuando lo encontraba, o cuando Él lo encontraba a usted, tenía que estar seguro de estar limpio y con los diezmos al día. Él podía presentarse en forma de viento, fuego o relámpago. No le molestaba llamar la atención por medio de un ruido o una voz estruendosa. El pueblo se sentía contento alejados de esa deidad: «Habla tú [Moisés] con nosotros, y nosotros oiremos; pero no hable Dios con nosotros, para que no muramos». Cuando Dios tronaba, no había que insistirle a nadie para que quitara sus pies del monte santo. Dios era un misterio, un misterio distante.

La venida de Jesús lo cambió todo. No modificó al Padre, quien es a la vez justo y misericordioso, amorosa bondad y asombroso poder. Pero Jesús introdujo una nueva dimensión a la relación entre el Padre y su pueblo. Antes, el pueblo estaba siempre *buscando* a Dios; ahora la cuestión era *tener* la presencia de Dios. En el Antiguo Testamento Dios se presentaba en medio de un torbellino; pero en Jesús vino silenciosamente a sentarse a nuestro lado.

El autor de Hebreos está consciente de esta idea utilizada:

Porque si aquel primero hubiera sido sin defecto, ciertamente no se hubiera procurado lugar para el segundo. Porque reprendiéndolos dice: He aquí vienen días, dice el Señor, en que estableceré con la casa de Israel y la casa de Judá un nuevo pacto; no como el pacto que hice con sus padres el día que los tomé de la mano para sacarlos de la tierra de Egipto; porque ellos no permanecieron en mi pacto, y yo me desentendí de ellos, dice el Señor. Por lo cual, este es el pacto que haré con la casa de Israel después de aquellos días, dice el Señor: Pondré mis leyes en la mente de ellos y sobre su corazón las escribiré.

Hebreos 8.7-10

Las leyes no serían más cartas de amor de un Dios en otro universo, esculpidas en una roca o garabateadas en un pergamino. En lugar de eso, el corazón y la voluntad de Dios para su pueblo estarían dentro de ellos. Las leyes ya no entrarían por un oído y saldrían por el otro. Serían escritas en el corazón de hombres. Dios se revelaría desde dentro de esos corazones transformados. El autor de Hebreos continuó:

Y seré a ellos por Dios, y ellos me serán a mí por pueblo; y ninguno enseñará a su prójimo, ni ninguno a su hermano, diciendo: Conoce al Señor; porque todos me conocerán, desde el menor hasta el mayor de ellos. Porque seré propicio a sus injusticias, y nunca más me acordaré de sus pecados y de sus iniquidades. Al decir: Nuevo pacto, ha dado por viejo al primero; y lo que se da por viejo y se envejece, está próximo a desaparecer. **Hebreos 8.10-13**

La Ley de Moisés era buena... buena para esa época. Era una sombra que arrojaba la luz pura y eterna de Dios que descendía sobre algo que no se percibía ni entendía plenamente, un futuro del cual hablaban los profetas. Ahora sabemos que ese algo era el nuevo pacto. Una vez que Jesús lo estableció, el viejo se vuelve obsoleto. No es que se rompió, ni siquiera que estuviera anticuado. Era un pacto maravilloso, escrito por Dios, que pasó a ser historia cuando tuvo lugar un acuerdo superior.

La diferencia principal era que Dios no moraría más entre las sombras. Antes había estado lejos, pero ahora, como hijos de luz, descubrimos que no sólo ha venido a morar *entre* nosotros, sino *en* nuestros corazones.

PIEDRAS VIVAS

El antiguo tabernáculo y el antiguo templo de Salomón eran sólo para Dios, no para Su pueblo. El tabernáculo no tenía más que unos veintitrés metros por cuarenta y seis; en tanto el pueblo se contaba por millones. Ninguna habitación era lo suficientemente grande para albergar al pueblo en una agradable ceremonia sabática, aun si se programaban cultos matutinos y vespertinos. No había bancos ni asientos. El énfasis estaba en el altar, en los sacrificios y en el Lugar Santísimo. Los sacrificios invocaban a Dios, quien se manifestaba en el fuego para dar a conocer su presencia en medio de su pueblo.

Esas construcciones simbolizaban el verdadero edificio que Jesús iba a levantar. Cuando Jesús habló con la mujer samaritana junto al pozo, esta se enfrascó en un debate acerca de si la verdadera adoración debía hacerse en el monte Gerizim o en Jerusalén. Su respuesta fue sorprendente: ninguno de los dos. «Mas la hora viene, y ahora es, cuando los verdaderos adoradores adorarán al Padre en espíritu y en verdad; porque también el Padre tales adoradores busca que le adoren» (Juan 4.23).

Puedo imaginar a Jesús en Jerusalén, pasando sus manos a través de las imponentes piedras del templo, plenamente consciente de que ese edificio albergaba uno de los momentos cruciales de la historia. «Querido templo, hasta ahora has sido el símbolo del templo que yo voy a construir. Ahora, ese gran momento está cerca. Gracias por tu servicio, por prefigurar la grandiosa obra que el Padre ha planeado. Adiós».

Después de expulsar a los mercaderes del templo, a Jesús le agradó confundir un poco a los judíos que demandaban un milagro que demostrara su autoridad. «Respondió Jesús y les dijo: Destruid este templo, y en tres días lo levantaré» (Juan 2.19).

Sus enemigos no comprendían esto. Creo que muchos tampoco lo comprendemos por completo. Jesús no hizo un simple juego de palabras para referirse a su muerte y a su resurrección al tercer día. Hablaba de un edificio hecho sin ladrillos, una estructura sin piedras, unido por un cemento más fuerte que ninguno. Jesús hablaba de su Cuerpo, el que formamos usted y yo. Es un edificio hecho con piedras vivas.

En Pentecostés, Jesús inauguró ese nuevo edificio. Como en las inauguraciones del Antiguo Testamento, hubo fuego del cielo. En esta ocasión no bajó sobre el techo de un edificio, sino en el «techo» del pueblo, lenguas de fuego sobre sus cabezas. Dios les decía: «Desde ahora en adelante moraré aquí, en medio del pueblo». Por eso la iglesia primitiva no se preocupó de construir templos. Entendieron la transición entre el viejo sistema y el nuevo. No querían retroceder. Llevaban la presencia de Dios a dondequiera que iban.

DIOS SIGUE CERCA

¿Qué de nosotros...? ¿Llevamos a Dios a dondequiera que vamos? ¿O nos han engañado nuestros templos, tan grandes y bellos, tan llenos de enseñanza y entusiasta adoración, a creer que Dios se ha ido de nuestra pequeña morada para residir en esa enorme catedral?

Quizás necesitamos volver a reflexionar en el mensaje que dio Juan el Bautista. Debemos comprender que Juan no era una especie de vendedor ambulante ofreciendo un producto de ocasión: «¡Arrepiéntanse y pongan sus cosas en orden! El reino de los cielos está cerca. ¡Apúrense, inscríbanse, entretanto tengan tiempo! No encontrarán esta misma oferta en Betania o en Betesda. No, señor, el reino de los cielos es sólo por tiempo limitado, aquí en el río Jordán».

Sospecho que todos los creyentes creen, o dirían que creen, que Cristo mora en nosotros, que el reino de los cielos se extiende hasta sus corazones regenerados. Pero no todos nos comportamos de acuerdo con esta realidad. Tratamos a Dios como si estuviera muy lejos, dormitando en los cielos, o de vacaciones hasta que aparezca de visita en la iglesia el próximo domingo. Jesús concluyó el tiempo que debía pasar en la tierra, pero no así la proximidad de su Reino después de Pascua o de Pentecostés. La misma persona que anunció que el Reino estaba cerca también profetizó la venida del Espíritu Santo: «El que viene tras mí, cuyo calzado yo no soy digno de llevar, es más poderoso que yo; Él os bautizará en Espíritu Santo y fuego» (Mateo 3.11). Cuando Jesús vino, la amplió: «Y yo rogaré al Padre, y os dará otro Consolador, para que esté con vosotros para siempre: el Espíritu de verdad, al cual el mundo no puede recibir, porque no lo ve, ni le conoce; pero vosotros lo conocéis, porque mora con vosotros, y estará en vosotros» (Juan 14.16-17). El Reino estaba cerca. Y todavía lo está. Jesús prometió que cuando el Espíritu venga: «Él os guiará a toda la verdad; porque no hablará por su propia cuenta, sino que hablará todo lo que oyere, y os hará saber las cosas que habrán de venir» (Juan 16.13).

Esto es lo que Jesús legó a sus discípulos: un Consolador que more en ellos, les dirija y les revele al Padre. Veamos qué sucede al liberarlo.

2 Poder permanente

La MUJER SAMARITANA estaba bien perpleja en el pozo. Los judíos no trataban a los samaritanos, con todo, aquí estaba este hombre judío pidiéndole de beber. La conversación que se inició luego le resultó más intrigante aún.

«Si conocieras el don de Dios, y quién es el que te dice: Dame de beber; tú le pedirías, y Él te daría agua viva», le dijo Jesús.

La figura del «agua viva» no le decía nada a esta mujer, de modo que le hizo notar a Jesús que Él no tenía con qué sacar agua del pozo. Pero estaba suficientemente intrigada como para preguntar: «¿De dónde, pues, tienes el agua viva?»

«Cualquiera que bebiere de esta agua, volverá a tener sed; mas el que bebiere del agua que yo le daré, no tendrá sed jamás; sino que el agua que yo le daré será en él una fuente de agua que salte para vida eterna» (Juan 4.9-13).

¡Una fuente de vida eterna! ¡Qué figura tan maravillosa para describir la nueva vida que bulle en nosotros! No es la estancada, sucia y maloliente, que requiere gran esfuerzo y sudor para sacar apenas un balde lleno de agua. No, es una fuente de agua fresca, que brota, fluye y corre limpia y refrescante, tan cerca como la deseas, para satisfacernos por siempre.

Usted no necesita comprar un terreno especial para tener esta agradable fuente. Si ha aceptado a Cristo, obtiene automáticamente esa fuente. Como esa fuente espiritual está en usted, hay un ilimitado poder que Dios puede llevar a cabo en su vida. Él simplemente desea que la dejes fluir.

PERMITAMOS AL AYUDADOR QUE NOS AYUDE

Sigamos analizando algunas diferencias entre el Antiguo y el Nuevo Testamentos. A menudo, la visitación de Dios en el Antiguo Testamento se le llamaba «unción». Los sacerdotes debían ser ungidos. También las cosas. Se trataba de una unción temporaria, sólo para la ocasión, como cuando las modelos se maquillan para actuar. El aceite que se derramaba da la idea de otorgar autoridad desde *afuera*, sobre la cabeza.

La palabra «unción» no se usa mucho en las Escrituras después de la resurrección de Cristo. En el Nuevo Testamento equivale a la expresión «sed llenos». La presencia de Dios ya no es algo intermitente, sino que viene a permanecer para siempre. No viene de afuera sino que permanece adentro. Él mora *en* nosotros.

Ahora bien, ¿con qué nos llenamos exactamente? Como vimos en el capítulo anterior, Jesús prometió que nos daría un Consolador cuando Él dejara la tierra. Lo dio: el Espíritu Santo. Y acerca del Espíritu dijo: «Él os enseñará todas las cosas».

¿Todas las cosas? Es mucho decir, pero así es. Podemos captar mejor el potencial de esta promesa si nos remitimos a Ezequiel 36.26-27. Esta fue la promesa de Dios que se cumplió en Pentecostés, cuando tuvo lugar la primera manifestación del Espíritu Santo en el Nuevo Testamento. «Os daré corazón nuevo, y pondré espíritu nuevo dentro de vosotros; y quitaré de vuestra carne el corazón de piedra, y os daré un corazón de carne. Y pondré dentro de vosotros mi Espíritu, y haré que andéis en mis estatutos, y guardéis mis preceptos, y los pongáis por obra».

El problema principal de la humanidad, incluyendo a los israelitas, siempre ha sido la incapacidad para hacer la voluntad de Dios. Ahora aquí iba a ocurrir un enorme cambio: algo haría que los rebeldes hijos de Adán obedecieran las leyes de Dios.

¿Quién iba a iniciar este sorprendente proceso? Dios mismo, por medio de la presencia de su Espíritu en nosotros.

Sin embargo, muchos cristianos esperan algo menos que eso cuando se trata de su capacidad para hacer la voluntad de Dios. Están prestos a correr con la bandera blanca y rendirse antes de comenzar la batalla. «Todos somos pecadores», dicen. «Somos personas espirituales, pero todavía estamos en la carne. No soy perfecto, sólo salvado». Hay algo de verdad en todo esto. Pero uno no puede menos que preguntarse para qué nos dio Dios su Espíritu. ¿Será sólo para que podamos declarar «tengo el Espíritu de Dios en mí»?

En absoluto. Hay algunas razones muy prácticas. Una de ellas es que *el Espíritu Santo nos ayudará a agradar a Dios si confiamos en Él*. «Pondré dentro de vosotros mi Espíritu, y haré que andéis en mis estatutos, y guardéis mis preceptos». Dios me promete que seré capaz de vivir la vida que Él quiere que viva. Al fin y al cabo, la vida victoriosa es posible.

En otras palabras, podemos ser santos. La santidad no es cuestión de esfuerzo sino de gracia. Hay alguien en nosotros que nos mueve hacia la obediencia y la rectitud.

DE MANDAMIENTOS A PROMESAS

Una de las razones que nos capacita para andar en rectitud la encontramos en otro cambio del antiguo al nuevo pactos: de mandamientos a promesas. Dios prometió escribir en nuestros corazones, lo que antes habían sido leyes promulgadas desde lo alto. Él prometió poner su Espíritu en nosotros. Prometió que con ese Ayudador tendríamos cuidado en cumplir sus mandamientos. Así es como lo describió el apóstol Pedro:

Como todas las cosas que pertenecen a la vida y a la piedad nos han sido dadas por su divino poder, mediante el conocimiento de aquel que nos llamó por su gloria y excelencia, por medio de las cuales nos ha dado preciosas y grandísimas promesas, para que por ellas llegaseis a ser participantes de la naturaleza divina, habiendo huido de la corrupción que hay en el mundo a causa de la concupiscencia. **2 Pedro 1.3-4**

De manera que cuando leo: «No cometerás adulterio», lo que leo es algo así: «Dios promete que no cometeré adulterio. Promete que mi mente está redimida y que cuando veo una mujer bella, puedo dar media vuelta y rechazar los pensamientos de la carne». No digo que un cristiano lleno del Espíritu es inmune al adulterio, a la lujuria o a cualquier otra tentación. Pero Dios nos ha provisto una vía de escape. Una de sus grandes promesas, según Pedro, es que podemos participar de la propia naturaleza de Dios, la cual es divina, no carnal. Al hacerlo podemos escapar de la corrupción que invade al mundo. Pero lo cierto es que algunas personas no quieren escapar. El bote salvavidas está justo frente a ellas, pero prefieren tardar en marcharse. No debieran sorprenderse cuando se hunden con el barco.

Algunas personas se descorazonan por la cantidad de mandamientos que encuentran distribuidos a través del Nuevo Testamento. «Hay mandamientos por aquí, mandamientos por allá. Creía que estábamos bajo la gracia, no bajo la ley». Sí, es cierto, estamos bajo la gracia. Esos mandamientos representan promesas respaldadas por la gracia. La probabilidad era que nadie podría obedecer por completo la Ley del Antiguo Testamento. Eso se acabó. La probabilidad está a nuestro favor, gracias a Aquel que vive en nosotros, el que hace de la obediencia algo natural. Dios quiere rehacer nuestras vidas a su imagen.

Esta gracia, por supuesto, no nos da permiso para pecar, aun si tenemos la seguridad del perdón de Dios si confesamos. Como expresó Pablo: «¿Qué, pues, diremos? ¿Perseveraremos en el pecado para que la gracia abunde? En ninguna manera. Porque los que hemos muerto al pecado, ¿cómo viviremos aún en él?» (Romanos 6.1-2). Más bien, *la gracia es la capacidad que Dios nos da para no pecar*. El énfasis no está en su esfuerzo de ser una buena persona. No puede alardear de su santidad, porque es Cristo el que obra en usted.

MOTIVADO POR EL PODER

Durante mi adolescencia en Argentina, nuestro viejo auto no tenía frenos ni dirección hidráulica. Nos contentábamos con que tuviera un motor que lo moviera.

Una vez un misionero norteamericano estaba conmigo mientras yo trataba de meterme en un estacionamiento apretadísimo. Renegaba y sudaba luchando con el volante hacia adelante y atrás, tratando de maniobrar esa enorme máquina en un pequeño espacio.

—Hermano Ortiz —me dijo el misionero—, ¿sabía usted que en Estados Unidos tenemos vehículos con frenos y dirección hidráulica?

—¿Dirección hidráulica? —pregunté—. ¿Qué es eso?

—Usted no tiene que hacer esfuerzo alguno para girar las ruedas —respondió.

—¡No puede ser! —exclamé.

—Lo mismo para frenar —continuó—. No hay que hacer ningún esfuerzo para detener el vehículo.

—¿Cómo es posible?

—Bueno, la máquina lo hace por usted —me respondió.

Yo seguía sin creerle. Pero pensé: «Este hombre es misionero, no puede estar mintiendo». No quería mostrarme aún más ignorante, de modo que no hice más comentarios.

Pero me quedé pensando. ¿Cómo es que la máquina sabe si quiero girar? ¿Es tan avanzada la tecnología de los norteamericanos que tienen un sensor remoto que le permite al motor saber lo que estoy pensando? ¿Qué ocurriría entonces si mis intenciones variaran? El motor recibiría instrucciones contradictorias y el auto chocaría. ¡Para qué tanta tecnología!

Cuando unos años más tarde llegué a Estados Unidos, conduje un vehículo más nuevo. La primera vez que accioné los frenos, mi cabeza golpeó el cristal. Entonces entendí que aquel misionero tenía razón, sólo que no me lo había explicado todo. A mí me correspondía tomar la decisión respecto a girar o accionar los frenos. El motor hacía lo demás.

Eso es poder. Así también es como obra el poder de Dios. Nosotros hacemos una decisión, damos un paso y Dios, en su fidelidad, se suma a nuestro esfuerzo. Cuando digo que la gracia es la capacidad que Dios nos da para no pecar, hablo de poder. Si *elegimos* el camino piadoso, Él está presente con su poder para ayudarnos a transitarlo.

El factor de la decisión o del libre albedrío es importante. Dios podría habernos hecho como robots, programados para obedecer y adorarlo. Pero esto no hubiera tenido mucho sentido. Sería como escuchar una grabación que constantemente repitiera: «Te amo. Te amo. Te amo», una y otra vez. Eso no satisface a nadie.

PODER PERMANENTE

Así que descubrí los frenos y volantes hidráulicos. También descubrí que los fabricantes de automóviles no colocaban ningún interruptor que le permitiera al conductor encender o apagar el mecanismo hidráulico. No hay ningún botón para desconectar los frenos hidráulicos y conectar los comunes. Los fabricantes sabían que sería algo necio y poco económico, un desperdicio en el diseño. El poder sencillamente está allí, esperando ser usado.

Muchos cristianos dirían que tienen el poder de Dios, pero entonces hacen algo que los traicionan.

Imagínese orar de la siguiente manera: «Señor, ayúdame a amar a esa persona inservible y mentirosa. No puedo hacerlo por mí mismo. Ayúdame a amarla». Luego dice para sí: «Bueno, no me ha dado amor todavía. Siento por esa persona lo mismo que sentía antes de orar».

De modo que lo intenta otra vez: «Oh, Señor, necesito tu amor por esta persona». Pero su carga de amor sigue vacía. No logra amar a la persona que lo ofendió y deduce que Dios es el culpable porque pidió amor y no se lo dio.

¿Está o no completo en Cristo? Usted está buscando algo que ya tiene: «Y la esperanza no avergüenza; porque el amor de Dios ha sido derramado en nuestros corazones por el Espíritu Santo que nos fue dado» (Romanos 5.5). ¡Crea que cuando Dios le pide algo lo puede hacer!

Es cuestión de usar un poquito de fuerza de voluntad para empezar. Es cuestión de amar a Dios de tal manera que deseemos que Él nos use para extender su Reino y, por lo tanto, crear oportunidades para que Dios realice cosas en nosotros y por medio de nosotros. El proceso implica avanzar de victoria en victoria, sin retroceder, no sólo haciendo lo necesario para escapar por un pelo de las garras del maligno.

Un joven californiano de diecisiete años me pidió que orara por él. Le pregunté el motivo.

—Me avergüenza decírselo, pero usted es hombre y me entenderá. Quiero que Dios elimine todos mis deseos sexuales.

—¿Por qué quieres eso? —le pregunté.

—Quiero vivir en santidad —respondió—. Cada vez que veo una muchacha hermosa, vienen a mi mente todas esas cosas sucias. No sé qué hacer. Quiero que el Señor me libere de esos deseos.

—Si yo orara como me lo pides y si Dios te quitara esos deseos, serías anormal —le dije—. Cuando veas una joven bella y te vengan deseos a la mente, sólo tienes que decir: «No, en el nombre de Jesús. Dios mío, ayúdame». Voluntariamente aprieta el pedal del freno en tu máquina de pensamientos y Dios obrará hasta que se detenga.

Recuerde, Dios ha puesto en usted un corazón nuevo. Él depositó su Espíritu que le impulsará hacia Su voluntad. Dios espera que usted accione el freno hidráulico, que gire con la dirección hidráulica. Puede optar por el poder o puede optar por la debilidad.

Quizás entone este himno: «Soy débil, Señor, soy débil. No me abandones...» Pero se miente a sí mismo. ¿Cómo podría Él abandonarlo si ya está en usted? Lo que necesita es declarar: «Todo lo puedo en Cristo que me fortalece» (Filipenses 4.13).

Dios no sólo le da poder sino que, como veremos en los próximos capítulos, anhela mostrarle su voluntad.

3 ‖ *¿Qué pasa ahí?*

Nunca hubiera esperado que mi mamá dijera algo así. Era viuda con cinco hijos, los cuales llegaron a ser ministros. Cocinaba para las convenciones de pastores. Servía de partera en el vecindario, sin cobrar nada.

De modo que me sorprendió cuando un día, llorando, me hizo una confidencia. Ya era pastor, aunque muy joven.

—No sé si debiera decirte esto —me dijo—, pero me siento un poco confundida. Todos en la iglesia tienen experiencias espirituales. Una persona siente electricidad en su cuerpo. Una siente calor y otra siente frío. Yo nunca siento nada. Quizás el Señor no me ame realmente.

Éramos miembros de una iglesia pentecostal. *Sentir* cosas espirituales era algo importante dentro de nuestro código no escrito.

—Mamá —respondí—, tú no tienes esas sensaciones porque eres una persona que vive por fe.

No le decía que era la única realmente salvada, ni la única que amaba a Dios, pero que se relacionaba con Dios de manera diferente.

He dedicado ya dos capítulos a describir la manera en que Dios mora dentro de nosotros. Él no sólo nos ha dado su Espíritu sino que, como vamos a ver, obra en gran medida a través de nuestros propios espíritus. Como capitán de nuestras conciencias, Dios tiene una manera de dirigirnos que es mejor que los impulsos casuales de los vientos de la emoción.

EN NOVEDAD DE ESPÍRITU

No hay que evitar la idea del espíritu: tanto del Espíritu de Dios como de nuestro propio espíritu. La Escritura habla de ambos. Dios quiere que los entendamos. «Pero ahora estamos libres de la ley, por haber muerto para aquella en que estábamos sujetos, de modo que sirvamos bajo el régimen nuevo del Espíritu y no bajo el régimen viejo de la letra» (Romanos 7.6). Eso nos anima: Servimos a Dios por medio de su Espíritu y esto es algo fresco y nuevo. Y nuestro espíritu está también involucrado. Pablo dijo: «Porque testigo me es Dios, a quien sirvo en mi espíritu» (Romanos 1.9).

Jesús fue más explícito: «Mas la hora viene, y ahora es, cuando los verdaderos adoradores adorarán al Padre en espíritu y en verdad; porque también el Padre tales adoradores busca que le adoren. Dios es espíritu; y los que le adoran, en espíritu y en verdad es necesario que adoren» (Juan 4.23-24).

La verdadera adoración y el servicio involucran al espíritu. Cuando Dios creó al hombre, no olvidó instalar la capacidad para navegar en las aguas espirituales. Muchos maestros han comparado la unidad tripartita de Dios (Padre, Hijo y Espíritu Santo), con la unidad del ser humano (cuerpo, alma y espíritu). El cuerpo, por supuesto, posee cinco sentidos y siente placer y dolor de forma tangible. El alma abarca la vida del pensamiento y las emociones. Los aspectos más íntimos de nuestra experiencia le interesan al espíritu.

Lo que conocemos como conciencia, y hasta el mundo secular reconoce su existencia, es otra manera de nombrar ese mismo espíritu. Así que si le ayuda a entender lo que compone al hombre, puede referirse sencillamente a cuerpo, mente y conciencia.

NUESTRA RELACIÓN CON DIOS COMO PADRE

Si se tuerce el tobillo, va a cojear, y todos podrán notar algo acerca de su condición física. Si está molesto con su esposa, es probable que un amigo cercano perciba que está pasando algo, aunque no le diga nada acerca de sus frustraciones.

Pero nadie tiene una antena que capte una trasmisión de su conciencia, si Dios no decide revelárselo. Sólo Dios puede penetrar a través de la neblina de nuestras acciones carnales y pensamientos del alma, para leer nuestra conciencia en todo momento. Él tiene una línea que va directamente de espíritu a Espíritu.

Pero, ¿cómo puede funcionar la comunicación entre dos que son tan diferentes? Parece tan poco probable como tratar de conectar una vieja máquina calculadora con una supercomputadora.

Para empezar, Dios es perfecto. No se equivoca, no pierde la paciencia, ni necesita arrepentirse de una mala conducta. Sin embargo, hay pasajes bíblicos que sugieren que Él hace tales cosas. Por ejemplo, Éxodo 32.14 dice que Dios se «arrepintió» o «cambió de opinión sobre el mal que dijo había de hacer a su pueblo».

Creo que éste es un ejemplo en el que Dios decide hablarnos en nuestro lenguaje, para nuestro beneficio. Dios, en su perfección, no cambia, está por encima de las vacilaciones que experimentamos en nuestra imperfección.

Cuando estoy con niños pequeños, les hablo en su propio lenguaje: «Da, da, da, du, du, flaba gubi guomba...» Ellos me responden. Quizás no tengamos ciento por ciento de comunicación, pero lo que tenemos fluye. Nos comunicamos porque estoy dispuesto a usar el lenguaje del pequeño.

Así es Dios con nosotros. Nos habla con ira, comunica con risas. Habla por medio de su esposa o esposo, de su jefe, de sus hijos y aun a través de ese vecino pesado que nunca va a la iglesia. No olvidemos que el Dios que es Espíritu eligió comunicar su mensaje más importante a través de un ser que vino en carne, Jesús.

Sin embargo, los días físicos de Jesús en la tierra terminaron. No podemos sentir su contacto físico, ni podemos tocarlo. Quizás cantemos: «Probad y ved que el Señor es bueno», pero nunca lo hará literalmente porque no es posible tocar a Dios. La persona a su lado en el culto tal vez le diga: «Puedo sentir Su mano poderosa», o «Oigo el roce de alas de ángeles», pero me temo que noventa y nueve por ciento de esas percepciones son más bien sensaciones físicas o emociones.

No estoy diciendo que siempre sean sensaciones falsas. Dios, a veces por puro gusto o por revelarse más claramente, o porque somos tan infantiles en nuestra relación con Él, se conecta con alguno de nuestros sentidos. Tenemos una visión. Escuchamos algo. Sentimos algo especial, cuando nos imponen las manos en la oración. Dios puede mostrarse de cualquier forma que elija, porque Él no está limitado.

No digo todas estas cosas para arrebatarle el tesoro de experiencias espirituales. Lo que quiero es ayudarle a quitar cualquier obstáculo que le impida ver con claridad a Dios. *Dios es Espíritu; cuando actúa normalmente, Él no se siente.* Por eso, no había problema en la falta de sensaciones de mi madre. Ella amaba a un Dios Espíritu. Él le respondía a través del espíritu de ella, no de sus sentimientos. Su amor no dependía de que Dios le activara sus sentidos. ¿Busca usted una relación normal con Dios? Entonces, camine por fe, no por vista ni por olfato, ni por tacto, ni por visiones.

LA LINTERNA DE DIOS

En Hebreos 12.9 se nos dice que Dios es el «Padre de los espíritus». Aquí «espíritus» no se refiere sólo a los ángeles o las criaturas de muchas cabezas que se describen en el libro del Apocalipsis. Dios es el Padre del espíritu (la conciencia) que ha puesto en cada persona. Él asignó al hombre y la mujer el papel de ser padre y madre de cuerpos físicos. Pero es Dios quien engendra el espíritu en cada individuo.

Por eso, la persona que rechaza a Dios parece en su interior un fugitivo o un huérfano. Su espíritu no está sintonizado con el del Padre. Esto explica también por qué los hombres y mujeres difieren de los animales. Porque tenemos un espíritu, sólo nosotros tenemos la capacidad de conocer a Dios, de adorarlo, de hablarle y de servirle.

Proverbios 20.27 nos ayuda a entender cómo usa Dios nuestro espíritu, y explica que el espíritu equivale a la conciencia: «Lámpara de Jehová es el espíritu del hombre, la cual escudriña lo más profundo del corazón» (Proverbios 20.27).

¿Qué es lo que busca la lámpara? No le interesa si levanta o no las manos en el culto de adoración, o si canta a viva voz o no, o si sus ojos están abiertos o cerrados. No está buscando el libro que registra las horas que ha pasado en el templo o cuántos días ha ayunado. Está mirando aún más allá de su vida de reflexión, que en gran parte es privada. Él quiere saber qué es lo que lo hace latir.

Quizás usted haya sido cristiano por mucho tiempo, pero si es sincero admitirá que, si mira al interior de su vida, es como asomarse al sótano de una vieja casa abandonada. Oscuro. Privado. Hay todo tipo de cosas olvidadas, viejos tesoros, gusanos y telas de araña, cosas sucias y podridas. Dios usa nuestra conciencia como una linterna, para empezar a arrojar luz sobre los rincones oscuros de nuestra vida interior. Por lo general, no usa un foco para transformar todo el desorden en un escenario brillantemente iluminado. Sólo brilla su luz aquí y allá, captando nuestra atención de manera gradual.

Veremos que, a medida que Dios interactúa con nuestra conciencia, ocurren cosas maravillosas.

4 | *¿Lo hacemos o no?*

—Hermano, creo que debo divorciarme de mi esposo. ¿Qué piensa usted? —pregunta la mujer.

—¿Cree que en su caso el divorcio es lo correcto? ¿Está segura? ¿Qué le dice su conciencia? —le pregunto.

—Bueno, que no lo haga —me responde.

—Entonces, ¿por qué viene a preguntarme si ya sabe lo que debe hacer?

El silencio de la mujer sugiere que está buscando una puerta trasera por la cual escapar del curso que el Señor ya le ha mostrado. Pierde el tiempo. No porque Dios no pueda usarme, como puede usar a cualquier otro cristiano para darle un consejo piadoso, cosa que por cierto puede hacer y hace. Pero yo no soy un juez. No puedo legislar por encima de la corte suprema y su código de leyes: la Biblia.

¿Cuál es la corte suprema? La conciencia. A medida que Dios habla por medio de nuestra conciencia recibimos, si lo deseamos, una corriente de mensajes acerca de cosas importantes y otras menores. Los juicios de Dios son infalibles, no así nosotros. Puesto que nos mantenemos sujetos a error y a pecado, nuestra conciencia y nuestra respuesta a ella son imperfectas. De manera que al explorar el trabajo de la conciencia consideraremos también sus imperfecciones.

JUZGAR ÁREAS GRISES

Muchas decisiones caen fuera de los asuntos blancos y negros. Esa es una de las razones por las cuales Dios nos ha dado una conciencia. «¿Tienes tú fe? Tenla para contigo delante de Dios. Bienaventurado el que no se condena a sí mismo en lo que aprueba» (Romanos 14.22).

¿Debe comerse ese pedazo de pastel? Encontrará decenas de leyes acerca de la dieta en la Ley Mosaica y verá muchos números en el libro de Números, pero no encontrará una pista que oriente cómo debe ser su dieta personal, ni su peso óptimo. Sin embargo, encontrará más de una pista si presta atención a su conciencia. A menos que se haya vuelto demasiado escrupuloso, si lo que oye es algo que oscila entre un sí y un no, será más seguro que siga el no. No se va a morir por privarse de azúcar. Y no hay tiempo para una consulta con su pastor, que de todas formas tiene cosas más importantes que hacer.

Si usted no se condena, es decir, si su conciencia no lo condena, al permitirse esa pequeña indulgencia, adelante. Este es el postre que hizo Jehová. ¡Nos gozaremos y alegraremos! No caigamos en el legalismo preocupándonos por cada pequeña decisión en nuestras vidas.

De paso, digamos que la comida motivó uno de los principales pasajes bíblicos acerca de la conciencia en 1 Corintios 8. El problema era si se debía o no comer la carne que había sido sacrificada a los ídolos. Por un lado, se señala que comer esa carne no condenaba automáticamente a un cristiano que sabía que esa dedicación no tenía valor alguno para el verdadero siervo de Dios. Pero hay una advertencia: «Porque si alguno te ve a ti, que tienes conocimiento, sentado a la mesa en un lugar de ídolos, la conciencia de aquel que es débil, ¿no será estimulada a comer de lo sacrificado a los ídolos?» (8.10). De nuevo, la corte debe hablar a cada persona en su circunstancia particular, en cuanto a lo que sería pecaminoso. Nuestra conciencia puede permitirnos hacer algo teniendo en cuenta el efecto que produce en nosotros; pero, si al menos indirectamente crea problema para la conciencia de otro, debemos privarnos de eso.

LA CONCIENCIA CONSTRUCTIVA

La corte también habla en sentido positivo acerca de lo que podemos hacer para agradar a Dios. Cuando empecé a caminar con Dios, Él quería saber si lo obedecería. Siempre.

«Lo haré», respondía apretando los dientes. Pero Dios podía oírme gritar por dentro: «¡Ayyy! ¡Esto me va a doler!»

Desde entonces he cambiado. Me es natural obedecer la voz de Dios a través de mi conciencia. Es como aprender a conducir. Al principio usted tiene que pensar dónde está el freno y cuánto tiene que oprimirlo. Con el tiempo, frenar, y todo lo que tiene que ver con conducir un automóvil, se vuelve automático. Lo mismo ocurre con Dios. Él habla y yo respondo. Este vehículo que Él llama Juan Carlos Ortiz se mueve rectamente por su camino.

Por ejemplo, estaba almorzando con un pastor amigo en su apartamento alquilado en Buenos Aires. No había invitado a mi conciencia, pero se hizo presente.

Mientras almorzábamos, mi conciencia interrumpió: ¿Tienes una casa, Juan Carlos?

«Sí, tengo dos», respondí.

«Tu amigo no tiene ni siquiera una».

A veces no escuchamos más que eso de parte de nuestra conciencia. Pero es todo lo que necesitamos. Empecé a llamar a otros amigos para ver si podíamos juntar dinero para que este hermano comprara una casa. Me llevó casi un año juntar mi parte. Renunciando a comer en restaurantes, ahorrando en esto y aquello. Dios no hizo que cayera del cielo una vasija llena de oro. Pronto, mi amigo se mudó a su nueva casa. La simple obediencia a la voz de mi conciencia tuvo su fruto.

QUEMADOS, PERO NO DESTRUIDOS

Este asunto de la conciencia no es un capítulo más colocado en una larga secuencia de enseñanzas cristianas. La conciencia es algo tan esencial que Dios la ha puesto en cada persona, sea o no cristiana. Su acción omnipresente explica por qué Dios tiene el derecho de juzgar a *todos* los hombres, aun a aquellos que no conocen el evangelio:

> Porque cuando los gentiles que no tienen ley, hacen por naturaleza lo que es de la ley, éstos, aunque no tengan ley, son ley para sí mismos, mostrando la obra de la ley escrita en sus corazones, dando testimonio su conciencia, y acusándoles o defendiéndoles sus razonamientos. **Romanos 2.14-15**

Esto no dice que los que no conocen a Dios tengan una conciencia tan activa como aquellos que sus espíritus están ligados al de Dios. Efesios 4.18-19 analiza la conciencia de aquellos que se empeñan en ignorar a Dios: los gentiles.

> Teniendo el entendimiento entenebrecido, ajenos de la vida de Dios por la ignorancia que en ellos hay, por la dureza de su corazón; los cuales, después que perdieron toda sensibilidad, se entregaron a la lascivia para cometer con avidez toda clase de impureza.

Algo que pierde su sensibilidad está desgastado. Una conciencia desgastada no dice mucho. O si lo habla, la voz está tan ahogada por las otras voces del yo y de la carne, que ya no puede distinguirse. Pablo se refiere a los impíos como personas que «por la hipocresía de mentirosos» tienen «cauterizada la conciencia» (1 Timoteo 4.2). El pecado ha dejado su marca indeleble en sus conciencias; en el proceso han arrasado con algo vivo.

Las buenas nuevas es que la lámpara de Dios, el espíritu/conciencia del hombre, nunca llega a extinguirse completamente. Mientras que el pecador pueda encontrar esa claridad y responder a ella con arrepentimiento, podrá ser avivada hasta que su luz brille tanto como el sol.

Esto da una nueva perspectiva de la salvación. En Hebreos 9.14 dice que «la sangre de Cristo[...] limpiará vuestras conciencias de obras muertas para que sirváis al Dios vivo». Jesús puede resucitar a la conciencia más muerta. Dios no sólo renueva Dios nuestras conciencias sino que envía su Espíritu a morar en nuestra conciencia. Como hemos visto, Él prometió que su Espíritu nos guiaría a todas las cosas y nos enseñaría toda la verdad. Si la conciencia es la corte suprema, el Espíritu de Dios es el Juez principal.

SENSACIONES FALIBLES

El Espíritu Santo es infalible. Nosotros no y, por lo tanto, tampoco nuestra conciencia. Esto se debe en parte a la manera en que alimentamos nuestra conciencia: lo que leemos, con quién nos relacionamos, nuestra vida de oración, nuestra disposición hacia Dios, el énfasis de nuestra denominación. Determinadas conductas, como ver ciertas películas o bailar, pueden ofender la conciencia de una persona y no la de otra. Pero lo importante que debemos recordar es que ninguna conciencia funciona ciento por ciento a la perfección.

Dios nos ha dado dos recursos buenos para controlar nuestra natural debilidad. Uno es el consejo de cristianos maduros. Quizás deba decidir en el momento mismo dar o no dinero a un mendigo. No es una gran decisión: intenta levantar el volumen de su conciencia y responder de acuerdo a lo que oye. Pero, respecto a cosas más radicales, como podría ser la decisión de mudarse a otro país, usted podría necesitar más tiempo para decidir y, probablemente, un consejo sabio para verificarlo. Pero no acuda a personas que siempre andan *sintiendo* esto o *sintiendo* aquello. Hable con los que andan en una fe efectiva, que se relacionan con Dios en espíritu, tal como Él es.

El otro recurso, por supuesto, es la Palabra de Dios. Quizás no encuentre pasajes que hablen de su decisión específica, pero el Espíritu tiene una manera de arrojar su luz sobre ciertos temas o pasajes que proyectan sombras sobre el cuadro más amplio.

Una conciencia clara y activa tiene una manera de combinar los consejos, la Palabra de Dios y las circunstancias, para llegar a una respuesta sencilla. Pero usted debe estar dispuesto a escuchar, dispuesto a esperar y preparado para las sorpresas.

La respuesta puede ser muy diferente de lo que siente o de lo que le guste. ¿Sabe qué es lo que *me gusta* a mí? Una de las cosas que más me gusta es la última novedad electrónica que se presente en el mercado: máquinas de escribir, computadoras, equipos de estéreo, lo que sea. Por años, añoraba tener una videograbadora reproductora. Tenía sesenta videos de mí, así que había sobradas razones para tener una videograbadora, criticar mi enseñanza. Además, todos mis amigos tenían una.

El problema no era de dinero. En tres ocasiones estuve en la tienda con dinero suficiente para comprar una. *Sentía* el deseo de comprarla. *Quería* comprarla. Pero *sabía* que no debía hacerlo. Pero mi conciencia tenía otra opinión: espera. En una de las ocasiones, una semana más tarde, pude usar ese dinero para ayudar a comprar una casa para una mujer viuda. Entonces me di cuenta del propósito de Dios y me alegré de haberle obedecido.

Asegúrese de no encarar el diálogo de su conciencia con Dios sólo a partir de criterios tales como: ¿Qué siento? ¿Qué es lo que deseo? Tales preguntas tienden a desviar el asunto del ámbito del espíritu al de la mente y el cuerpo. Eso no significa que se deba pasar por alto esas emociones; Dios puede usarlas como indicadores para orientarlo. Si su mente se va transformando a la mente de Cristo, las cosas que siente y desea deben ser cada vez más coincidentes con lo que Dios desea. Pregúntese siempre: «¿Qué sé respecto a esto? ¿Qué me dice mi conciencia?»

Algunos cristianos temen que la voluntad de Dios, tal como se nos revela a través de la conciencia, siempre va a ser como un dedo que dice: No, No, No. No es así. El mismo Dios que ha controlado mis compras de artefactos, me ha dado también muchas cosas lindas. Él creó este vasto mundo con sus muchos placeres. El mismo Espíritu que habla por medio de mi conciencia tiene un fruto que posee nueve virtudes, todas presentadas en la Biblia. Y fíjese: ¡Una de ellas es el gozo!

Finalmente compré una videograbadora. Cuando lo hice, Dios ya me había ahorrado dinero. La primera vez que empecé a mirar las vidrieras, costaban tres mil dólares. Ahora, pagué menos de quinientos.

Pero me estoy adelantando. Como habrá notado, la conciencia juega un importante rol en el autocontrol. Y el autocontrol es un aspecto radical de la presencia de Cristo en nosotros. Le da la oportunidad a Dios de obrar a través de nosotros.

5

¿Quién lo controla?

CUANDO VIVÍAMOS en California, un estudiante de México se hospedaba en nuestro hogar. Era católico, consagrado a su iglesia y al Señor. Estudiaba inglés en una escuela, en la que había cuatro o cinco estudiantes musulmanes. Estos eran hijos de jeques árabes, lo que significa que eran de familias adineradas. Conducían autos bonitos. Daban rienda suelta a sus apetitos carnales.

Nuestro amigo mejicano también provenía de una familia adinerada. La diferencia era que sus padres, cristianos sabios, lo habían educado correctamente. (¡Por cierto, no le habían regalado un automóvil!)

Esos muchachos árabes bien parecidos estaban siempre molestando a nuestro inquilino. «Jesús no sirve para nada», le decían a la vez que alardeaban de su propia religión. Como eran varios, les resultaba fácil burlarse de él.

Los fines de semana eran para dar fiestas. Los muchachos árabes invitaban al mejicano a las fiestas que celebraban en un lujoso hotel, donde probaban toda clase de placeres pecaminosos. Iba con ellos, pero no se sumaba a sus pecados.

Cinco meses después de haberse conocido, los árabes seguían molestándolo: «¿Por qué no abandonas a Jesús y te unes a nuestra religión?»

«¿Cómo voy a abandonar a Jesús?», respondía el mejicano. «Mi Jesús me ayudó a no pecar, pero su religión no los ayuda a no pecar. Cuando salen con las muchachas, yo no voy. Cuando ven películas pornográficas, yo me quedo en casa. ¿Quién me da ese autocontrol? Jesús».

Nunca más volvieron a hablar de religión. Creo que esos árabes ni siquiera deseaban tener autocontrol. Probablemente sabían que su religión desaprobaría sus pecados. Pero carecían de poder. Hay una razón muy simple: Sólo Jesús resucitó de entre los muertos. Él ofreció poner un espíritu divino dentro de cada creyente que crecería y produciría maravillosos frutos, incluyendo la templanza.

Sí, Jesús lo hizo.

Al reflexionar acerca del fruto del Espíritu, quiero enfocar el tema del autocontrol y su relación con el amor. Una mejor comprensión de lo que es la templanza nos ayudará a reconocer y cultivar esa nueva vida que late en nosotros.

EL ESPÍRITU MANIFIESTO

Hemos hablado del mayor problema que tienen hombres y mujeres, tal como aparece en el Antiguo y el Nuevo Testamentos: nuestra incapacidad de obedecer a Dios. Piense en esto por un momento. Nadie necesita ser preparado para rebelarse. Cualquier padre daría fe de la destreza innata para desafiar la autoridad que hasta el más pequeño niño manifiesta. Ya vimos que el remedio que el Antiguo Testamento ofrecía para este problema era un conjunto de leyes, con sus correspondientes sanciones.

Pero luego, el profeta Ezequiel anticipó un cambio importantísimo: «Os daré corazón nuevo, y pondré espíritu nuevo dentro de vosotros; y quitaré de vuestra carne el corazón de piedra, y os daré un corazón de carne. Y pondré dentro de vosotros mi Espíritu, y haré que andéis en mis estatutos, y guardéis mis preceptos y los pongáis por obra» (Ezequiel 36.26-27).

¿Dijo acaso Ezequiel que Dios nos daría su Espíritu para que danzáramos al adorarle? ¿O que levantáramos las manos al cantar? No. Nos lo dio *para que podamos obedecer sus leyes.*

Qué fácil es decirlo, pensará el lector. Pero la verdad es que el pecado me acosa tanto como antes, o quizás más. Dios lo sabe. Él nos ha mostrado, de un vistazo, por medio del apóstol Pablo, cómo nos ayuda el Espíritu en nuestra búsqueda de la obediencia: «Mas el fruto del Espíritu es amor, gozo, paz, paciencia, benignidad, bondad, fe, mansedumbre, templanza; contra tales cosas no hay ley» (Gálatas 5.22-23).

Observe que no se habla aquí de cosas como *frutos* del Espíritu. Hay sólo un *fruto,* según el versículo 22, pero con nueve hermosos elementos. Si usted se descubre pensando: «Es cierto que tengo mucho amor, pero no tengo nada de gozo», es que algo no está en su lugar. El fruto del Espíritu nos llega en una sola entrega. Cuando compra una casa, no compra sólo determinadas habitaciones. Es todo o nada. Si el Espíritu Santo mora en usted, no espere menos que estas nueve manifestaciones irrumpiendo por todas partes.

EL FRUTO Y LOS DONES

A veces se habla del fruto del Espíritu como si fuera lo mismo que los dones del Espíritu, tales como la sabiduría, el conocimiento y las lenguas. Pero el fruto y los dones son muy diferentes.

¿Qué es fruto? Es el resultado natural de un árbol saludable. Uno espera que un manzano dé manzanas; de la misma manera espera que el fruto del Espíritu mencionado en Gálatas 5.22-23 se manifieste en una vida llena del Espíritu.

¿Qué es un don? Para empezar, usted sabe que no es el producto natural de un árbol, como es un fruto. Piense en un árbol de Navidad. Lo adorna y pone los regalos a su alrededor. De pronto, un árbol simple se torna extraordinariamente bello. Llega la Navidad, se entregan los obsequios y se guardan los adornos. El árbol termina en la basura. Su único valor verdadero estaba en los regalos: esas cosas que estaban allí por una mano externa.

Ahora bien, el Espíritu da los dones a cada uno según le place. El Espíritu puede dar el don de profecía o el don de milagros. Si no los coloca al pie de su árbol, no podrá desenvolverlos.

Nadie puede culpar a un manzano por no producir regalos. Se le puede reprochar que no produzca manzanas. De la misma forma, a usted se le puede perdonar que no levante los muertos, si Dios no le ha dado el don para hacerlo. Pero no hay razón para que no muestre amor, gozo, paz y todas las demás manifestaciones del Espíritu, porque esas en conjunto son el esperado fruto del Espíritu.

En consecuencia, cuando alguien intenta ministrar, debe preocuparse principalmente de lo básico, el fruto, y no demasiado con los dones. Los dones pueden llevar a conclusiones erróneas. El fruto no. Por eso Jesús nos hizo esta advertencia: «Muchos me dirán en aquel día: Señor, Señor, ¿no profetizamos en tu nombre, y en tu nombre echamos fuera demonios, y en tu nombre hicimos muchos milagros? Y entonces les declararé: Nunca os conocí; apartaos de mí, hacedores de maldad» (Mateo 7.22-23).

Por eso también Pablo, en su hermoso pasaje acerca del verdadero amor, puso los dones en la perspectiva correcta: «El amor nunca deja de ser; pero las profecías se acabarán, y cesarán las lenguas, y la ciencia acabará» (1 Corintios 13.8). Pablo no dice que debamos elegir entre el fruto y los dones, sino más bien a estar seguros de que el fruto del Espíritu esté presente antes que maravillarnos por los dones.

VIVIR POR CONVICCIÓN

De manera que si el fruto del Espíritu Santo está presente, usted debiera ser capaz de ejercer autocontrol. ¿Por qué subrayo este rasgo? Porque como Dios está mucho más cerca de lo que piensa, su potencial de autocontrol es más grande de lo que nunca haya podido imaginar. Dios mora dentro de usted.

Si tiene problemas por comer demasiado, necesita practicar el autocontrol. Pero, ¿quién le controlará? Si se limita a apretar los dientes, a hacer una apuesta con alguien o a ponerse un candado en la boca, usted es el que manda. Y como quizás lo tenga por experiencia, el autocontrol que empieza y termina con usted fracasa casi siempre. Aun si la estrategia funciona por un tiempo, a menudo es a costa de una úlcera o alguna otra manifestación de estrés.

Hay un camino superior.

Primero, veamos el opuesto a una persona autocontrolada. Esa es una persona sensual. Se reconocen por el ansia vehemente de sexo, comida, alcohol o drogas, cuatro placeres comunes a los que mucha gente se somete. Sin embargo, a una escala mayor, aún estamos hablando acerca de todo el ámbito de los sentimientos que podríamos calificar de sensuales: sentimientos carnales, sentimientos emocionales y hasta sentimientos espirituales.

He afirmado que lo opuesto a vivir por las emociones es vivir por obediencia a la conciencia, pero por el momento, expresémoslo de manera distinta. Vivir por *convicciones* es lo inverso a vivir por sensualidad. Una convicción es algo que *cree*. Quizás a veces no sienta amor hacia su cónyuge, pero si tiene la convicción de que el matrimonio es un pacto eterno ante Dios y que usted tiene el compromiso de amar a su cónyuge, no se dejará confundir por sus sentimientos. Por supuesto, con el tiempo podrá comprobar que sus emociones estaban equivocadas. Pero la persona de convicción no necesita considerar sus emociones antes de actuar.

No digo que las emociones sean dañinas o que siempre nos lleven por mal camino. Dios nos da la capacidad de sentir y esta capacidad es parte de nuestra naturaleza. Dios puede obrar a través de nuestras emociones. Pero no tienen que controlarnos. No debiéramos ignorarlas, ni reprimirlas, ni temerlas, pero tampoco debiéramos postrarnos y adorarlas.

¿Cree que el ejercicio es bueno para su salud? ¿Lo cree con suficiente fuerza como para haberse formado una convicción al respecto? Si es así, se levantará temprano en la mañana, se pondrá la ropa adecuada y correrá, aun si *siente* que necesita dormir más o sabe que al salir *sentirá* frío. Si su creencia está al nivel de «cosas que sé que son ciertas», pero no llegan al nivel de «cosas por las cuales vivir», habrá un constante batallar. A veces vencerán los hechos, en otras vencerá la carne.

El Espíritu Santo es el autor de nuestras más importantes convicciones. Él las pronuncia en nuestro espíritu, y nosotros podemos decidir admitirlas. Por eso, *andar en el Espíritu es vivir por convicción*. Ejercer autocontrol es decidir si voy a vivir como sé que debo, no como pienso que me gustaría.

Por supuesto, es más fácil decirlo que hacerlo.

NO DAR OCASIÓN A SATANÁS

Supongamos que tiene problemas con la ira. Se siente tan airado que sus palabras atacan como avispas, hiriendo a todos los miembros de su familia. ¿Es pecado la ira? En Efesios 4.26 dice: «Airaos, pero no pequéis; no se ponga el sol sobre vuestro enojo». De manera que no es pecado airarnos. ¿Y qué del comer... es pecado comer? ¿Descansar? ¿Trabajar? ¿Dormir? ¿Tener relaciones sexuales? No. Esas funciones naturales no son pecaminosas, con tal que podamos controlarlas, que las hagamos en el lugar adecuado y sin excesos.

Pablo dijo lo mismo: «Todas las cosas me son lícitas, mas no todas convienen; todas las cosas me son lícitas, mas yo no me dejaré dominar de ninguna» (1 Corintios 6.12). ¿Hay algo que lo domina? A algunas personas las domina el sueño, a otras el sexo. Incluso las cosas que parecen pequeñas (cigarrillos, chocolates, café) pueden controlarlo. Tal vez esas cosas no le afecten por el momento otras áreas de su vida, pero si no puede decirles no, si llaman todos los días a su puerta y el cuerpo se postra jadeando a sus pies, adivine ¿quién gobierna?

En muchas de esas cosas, la clave es el grado de compromiso. En el caso de la ira, por ejemplo, el pasaje de Efesios dice concretamente «airaos». De modo que obviamente hay lugar para la ira. Debemos airarnos ante la injusticia o cuando nuestros hijos actúan caprichosamente o cuando se degrada a otra persona. Somos humanos. El frágil temperamento de cada uno de nosotros tiene sus límites.

Pero el resto del pasaje sobre la ira dice que no pequemos y, más aún, que resolvamos el asunto antes de que el sol se ponga. Tenga ira y mida el tiempo. Tan pronto como pueda, llame a la persona que le hizo subir la presión. «Oye, hermano, te perdono». «Hermana, reconozco que fue culpa mía». Haga todo lo que sea necesario. Eso es autocontrol: estar asociados con el Espíritu de Dios, sin permitir que la ira nos controle.

El próximo versículo nos advierte lo siguiente: «Ni deis lugar al diablo» (Efesios 4.27). Damos ocasión a Satanás cuando nos negamos a medir el tiempo. Estoy enojado contigo, mi compañero de trabajo, y al día siguiente me niego a saludarte. Me marcho ese día más enojado todavía porque no me has pedido perdón, de modo que no me despido. El diablo encontró la ocasión propicia y comienza a construir una gran fortaleza.

Un momento de ira se ha transformado en resentimiento duradero. La palabra *resentir* tiene dos raíces latinas: *re,* que significa otra vez, y *sentir* que significa sentimiento. Resentirse contra algo o alguien es sentir ira una y otra vez. Déle a Satanás la más mínima oportunidad y hará todo lo posible para que usted vuelva una y otra vez a sentir ira. Es mucho mejor que nunca cedamos el control, sino actuar por convicción con el autocontrol dirigido por el Espíritu.

Incluso las emociones con menos potencial pecaminoso que la ira están sujetas a este mismo principio. Supongamos que muere un ser querido. Si usted se siente triste, eso es bueno y natural. Pero si no mides el tiempo, los problemas surgen. Satanás gana terreno. La tristeza prolongada puede tornarse en depresión. Si ha perdido a su cónyuge, quizás empiece a orar: «Señor, no quiero vivir más. Llévame a tu presencia». Empieza a abrigar ideas suicidas. Ha perdido el autocontrol. Quizás no llegue al suicidio, pero mantiene la atmósfera fúnebre... llora constantemente, siente lástima de sí mismo, a sus viejos amigos se les hace difícil estar cerca de usted. Después de un tiempo, serán cada vez menos y menos de esos amigos que intenten molestarse.

¿Cuánto pesar es suficiente? No puedo decirlo. Este es el porqué el autocontrol debe ser de Espíritu a espíritu, de convicciones bien formadas, de oír nuestra conciencia.

En algún momento comer se vuelve glotonería, pero no podemos escapar a la necesidad de comer. Muchos cristianos están en contra del alcohol, y eso está bien si nace de su convicción. Sin embargo, en Argentina, tomamos un vaso de vino en las comidas. En Alemania, quizás el pastor lo invite después del culto a tomar una cerveza en el bar. Pero no cabe la menor duda que la borrachera es pecado. El autocontrol piadoso debe ayudarnos a trazar la línea entre la libertad y los excesos pecaminosos.

No digo todo esto para animarlo a conquistar sus malos hábitos o su temperamental estilo de vida, sino para realzar su potencial de victoria. La vida cristiana normal produce el fruto del Espíritu y éste incluye el autocontrol. La clase de autocontrol que Dios pone a nuestro alcance es el de una persona controlada por el capitán que todo lo sabe y que nunca se equivoca en sus decisiones. Al saber que tiene ese poder, úselo. No le dé oportunidad a Satanás de echar raíces en su vida.

6 | *Perdón y paz*

¿**N**UNCA HA PERDIDO alguna cosa pequeña? Usted la busca por todas partes... debajo de los muebles, en sus bolsillos, en las gavetas, pero no está en ningún sitio. Finalmente se siente tan desesperado, que va a buscar en el último lugar donde quizás, sólo quizás, iría a parar.

Por eso, se dirige al cubo de la basura y empieza a escarbar. No puede evitar el contacto con esos viscosos restos de comida y huesos de pollo con salsa. El olor, especialmente si es verano, prácticamente lo desanima antes de empezar.

Así es cuando constantemente pensamos acerca de los pecados u ofensas de alguien. Nos sumergimos en un cubo de la basura emocional/espiritual, revolvemos las cosas que habíamos botado y con eso experimentamos toda su gloriosa pestilencia.

¡Qué asco!

Hemos hablado acerca de la importancia del autocontrol y su gran potencial gracias a Aquel que está tan cerca. El área del perdón presenta un gran desafío para el autocontrol y para que el autocontrol y el control del Espíritu tomen en conjunto el gobierno de nuestras vidas. Si no mantenemos una actitud de perdón, canjeamos el dulce aroma de esa paz que nos pertenece porque Cristo vive en nosotros, por una ridícula y caprichosa zambullida en la basura. Sin esa paz, con Dios y con los demás, no podemos entrar plenamente en la clase de vida de oración de la que analizaremos en los siguientes capítulos.

LAS DOS VÍAS DEL PERDÓN

Si hay algo que el Nuevo Testamento deja en claro sobre el perdón, es que se trata de un asunto en dos niveles. Dios espera que perdonemos porque Él nos perdona. Así lo expresa el Padrenuestro: «Y perdónanos nuestras deudas, como también nosotros perdonamos a nuestros deudores» (Mateo 6.12). Jesús enfatizó este principio inmediatamente después de enseñar a sus discípulos el Padrenuestro: «Porque si perdonáis a los hombres sus ofensas, os perdonará también a vosotros vuestro Padre celestial; mas si no perdonáis a los hombres sus ofensas, tampoco vuestro Padre os perdonará vuestras ofensas» (Mateo 6.14-15).

Algunos dicen que el Padrenuestro es la maldición de la Iglesia. Porque somos tan propensos a no perdonar a otros, que automáticamente le pedimos a Dios que sea intolerante con nuestros pecados.

Por eso el Señor nos dio la parábola del mayordomo que no podía pagar la enorme deuda que tenía con su amo (Mateo 18). Él recibió el perdón de su deuda, pero al salir abusó de alguien que le debía una mísera suma y lo echó en la cárcel. Cuando el amo oyó de esto, se puso furioso. Entregó al mayordomo a los verdugos hasta que pagara el último centavo. La lección que nos deja la parábola es que si Dios nos ha perdonado tanto, todas nuestras ofensas pasadas y futuras, ¿no debiéramos perdonar a otros sus mucho más pequeñas ofensas hacia nosotros?

«Pero pastor, usted no sabe», me han dicho muchas veces, «Carolina dijo esto y esto de mí. Y eso fue después que le ayudé en la compra de su auto. Trato de ser amable con ella, pero siempre me discute que...» ¿Tiene usted una Carolina en su vida? La mayoría tiene al menos una persona como esa. Por eso Dios incluyó este pequeño desafío en su Palabra: «Entonces se le acercó

Pedro y le dijo: Señor, ¿cuántas veces perdonaré a mi hermano que peque contra mí? ¿Hasta siete? Jesús le dijo: No te digo hasta siete, sino aun hasta setenta veces siete» (Mateo 18.21-22).

SAQUE AFUERA LA BASURA

De la misma forma que Dios no quiere que andemos escarbando en nuestro basurero espiritual, tampoco Él quiere andar revolviendo la basura. El Salmo 103.12 declara el programa de eliminación de la basura que Dios ha puesto en marcha: «Cuanto está lejos el oriente del occidente, hizo alejar de nosotros nuestras rebeliones» (Salmo 103.12). Ahora bien, si Dios hubiera dicho «del norte al sur», nos hubiéramos podido imaginar al Polo Norte y al Polo Sur. Aunque están lejos el uno del otro, es una distancia que se puede medir. Pero si usted toma un avión y vuela de este a oeste, nunca llegará ni al este ni al oeste. Seguirá andando y andando.

Lo mismo ocurre con nuestros pecados. Si no los confesamos, pueden quedar tan cerca como la distancia entre nuestras orejas. Si los confesamos a Dios, Él los arroja hacia esa eterna travesía entre el este y el oeste.

Pero seamos realistas. Quizás usted perdone a alguien y aun así siga teniendo dificultades para *olvidar* la ofensa de la manera en que Dios lo haría. Perdonar no significa que olvidemos el mal que se nos ha hecho. Si su abuelo abusó sexualmente de usted cuando era niño, quizás no sea seguro ni posible que lo olvide. Perdonar significa que no va a albergar en su corazón una actitud de juicio contra alguien. No debe vivir en espera de que los demás sufran por el mal que le han hecho. Déjeselo a Dios para que Él determine la solución, e incluso ore para que Dios lo bendiga. Si puede olvidar, bien, pero si no, eso no significa que no haya perdonado.

Un paso indispensable que debe dar es decidirse a no albergar para siempre el daño que le han hecho. Quizás necesita hablar de esto con un amigo de confianza o un consejero, pero no dejará que el tema lo obsesione por terrible que haya sido. Hacerlo sería andar revolviendo en la basura. Y como resultado comenzará el mal olor. Tomará el aroma del ambiente en el cual se encuentra.

Una mujer de mi iglesia odiaba a su nuera. Cada semana me venía con una nueva historia. Un día le dije: «¡Basta! Mi oído no es un cubo de basura». Ese es el otro problema. Los que disfrutan, o incluso simplemente toleran, escuchando las demandas ajenas vienen a ser recipientes de basura.

No se deje contaminar con las sobras de otros. Si alguien viene a descargarle un problema, vea si puede darle un consejo sabio. Si se da cuenta que no desea su ayuda, dígale: «Vamos y hablemos con la persona implicada, y así todo se podrá arreglar bien».

La basura es algo real. No la puede ignorar por mucho tiempo. Pero debe encontrar la mejor manera de liberarse de ella, rápido y bien. No vale la pena cambiarla interminablemente de lugar.

NO SIGA ESPERANDO

A veces, cuando se recibe una ofensa, las cosas se desarrollan según lo previsto. El ofensor se le acerca, le expresa sus excusas, le pide perdón y muestra el deseo de hacer la restitución. Sugiere que el ofensor rectifique lo que había dicho de usted a otra persona, y lo hace. ¿No sería maravilloso que las cosas siempre ocurrieran así?

Pero rara vez sucede. Con frecuencia, el agresor rehúsa admitirlo. A medida que pasan las semanas, meses y años, usted puede elegir perdonar o no a su ofensor. Si decide que el perdón está condicionado al arrepentimiento del ofensor, no está perdonándolo genuinamente.

Si perdona con una condición, diciendo: «Te perdonaré si dices esto y reparas esta...», se trata de una especie de perdón con hipoteca. Porque si el culpable no cumple, usted le quita lo que le ha otorgado, su perdón. El que sufre es usted, no el otro, queda esclavizado, en espera de que las condiciones se cumplan. Sin embargo, si el ofensor está verdaderamente arrepentido, queda libre de culpa. Usted puede tener esa libertad si perdona sin tener en cuenta qué hizo la otra persona. ¿Ha oído la expresión «Volver a vivir»? Eso es lo que logra el perdón. Nos obliga a tener la responsabilidad personal de sacar nuestras vidas del punto neutro y ponerlas en marcha otra vez.

A veces el asunto se torna confuso. En una ocasión, yo necesitaba perdonar a otras personas que pensaban estar en lo cierto, pero yo sabía que no era así. Hasta hoy mantienen su postura. Quizás tenían la razón y yo estaba equivocado. ¿Quién sabe? La única manera de despejar esos problemas es perdonar *sin tener en cuenta* el veredicto, ya que ni usted ni yo nunca tendremos autoridad para juzgar desde este lado del cielo.

Otra tentación en esos enmarañados problemas es confundir el perdón con la aclaración. Una vez llamé a dos personas para tratar de aclarar un problema entre nosotros. ¡Sólo logramos que las cosas se empeoraran!

Por eso es que el perdón unilateral, sin aclaraciones, ni excusas, ni condiciones, es el camino excelente. Unilateral significa: *de un lado*. La otra persona quizás ni siquiera sepa que ha hecho algo que necesita ser perdonado. De acuerdo. Es tarea del Espíritu Santo condenar a la persona, no usted. Haga su parte y perdone.

A menudo es difícil, pero esto es lo que la Biblia enseña. ¿Recuerda al paralítico que le bajaron a Jesús por el techo de la casa? Jesús dijo: «Tus pecados te son perdonados». El hombre no había pedido perdón, pero Él se lo dio y también lo sanó. La mujer adúltera que los fariseos trajeron ante Jesús no sabía qué esperar, excepto ser apedreada como ordenaba el Antiguo Testamento. Sin embargo, Jesús le dijo: «Ni yo te condeno, vete, y no peques más».

El ejemplo más grande que tenemos es el que nos dio Jesús en la cruz. Ninguno de los soldados ni de los sacerdotes judíos vino a rogar a Jesús que los perdonara. No le suplicaron que intercediera por ellos ante el Padre. Pero Jesús, en medio de un agudísimo dolor y próximo a morir, pudo exclamar: «Padre, perdónalos».

Esa capacidad de otorgar perdón unilateral es la evidencia de que Jesús era más que un buen hombre. Tenía poder. Y puesto que Él vive en nosotros, nosotros también tenemos ese poder.

7 | *El poder del perdón*

UN ASALTANTE MATÓ al hermano de un amigo mío, un ministro de mucho poder. Todo su historial en la iglesia, todas sus experiencias espirituales, no lo prepararon para la persistente amargura que siguió a la muerte de su hermano.

Este pastor oró. Perseveró en la oración. Después de tres años de oración, seguía sin tener la victoria sobre su pesar y sobre su resentimiento hacia el asesino.

Finalmente, fue a la prisión y pidió ver a aquel hombre. Los oficiales de la cárcel conocían al pastor y le negaron el permiso, pensando que iba en pos de venganza. Pero él insistió y por último se lo dieron.

«Vengo a decirle que lo he perdonado. Lo amo», dijo mi amigo. «Y si me lo permite, vendré a visitarlo todas las semanas para orar con usted».

El perdón y el amor ayudaron a llevar a ese presidiario al Señor. Cumple una condena perpetua, pero ha consagrado el resto de su vida a dirigir un ministerio en la prisión que da frutos para Dios.

¿No es asombroso? El perdón es más que hacer lo correcto. Es más que el paso que da para eliminar su amargura o el remordimiento del ofensor. *El perdón implica poder*. Hay poder en el perdón porque el verdadero perdón inspira la compasión, el amor y la fortaleza de Jesús que vive en nosotros. El perdón origina la clase de paz que sólo Dios puede dar.

PODER PARA LIBERAR

Jesús vincula la paz, el Espíritu Santo, el poder y el perdón: «Paz a vosotros. Como me envió el Padre, así también yo os envío. Y habiendo dicho esto, sopló, y les dijo: Recibid el Espíritu Santo. A quienes remitiereis los pecados, les son remitidos; y a quienes se los retuviereis, les son retenidos» (Juan 20. 21-23).

Cuando pensamos en las manifestaciones del Espíritu Santo en nuestras vidas, probablemente pensamos en su dirección y en especial su pronta ayuda. Si pensamos en grande, imaginamos sanidades y otros milagros. Pero, ¿qué del perdón? Esto fue lo que Jesús enfatizó cuando habló del Espíritu. Esto no es casualidad. Porque con frecuencia el perdón es imposible desde el punto de vista humano, *necesitamos* el poder de Dios, mediante el Consolador, que nos hace capaces de perdonar.

Dios nos da poder para liberar a otros del endeudamiento. Nos deben, pensamos, porque nos han ofendido. Pero muchas de las personas que consideramos deudoras ni siquiera lo saben. Quizás no lo entiendan, o no quieran reconocerlo. No importa cuáles sean *sus* razones porque Dios le da a *usted* el poder para liberarlos. No cargue indefinidamente el cadáver de una relación deteriorada sobre sus hombros. El perdón unilateral lo libera y en el proceso recibe el poder para vivir por Cristo, para poner sus energías en cosas constructivas.

Ese es el modelo que estableció Jesús, tal como Pablo explicó: «Mas Dios muestra su amor para con nosotros, en que siendo aún pecadores, Cristo murió por nosotros» (Romanos 5.8). El ofrecimiento que Dios nos hace de su perdón precede a nuestro arrepentimiento. El padre del hijo pródigo hizo lo mismo, lo perdonó antes de que regresara al hogar. El papá de ese muchacho rebelde no le exigió una larga explicación de su comportamiento y una firme promesa de no hacer caer a la familia en desgracia nunca más. No, corrió a recibir a su hijo, lo abrazó, lo perdonó y organizó una gran fiesta para celebrar su regreso.

Cada vez que hay necesidad del perdón, se puede formar una especie de mal o cadena espiritual demoníaca. Entre dos personas se establece una estrecha relación de una manera malsana. Si a usted lo han ofendido y opta por dar el perdón unilateral en lugar de esperar que la otra persona se postre a sus pies, rompe esa cadena. Corta el poder de Satanás en esa situación. Por su *única* acción, *ambas* partes empiezan a cambiar. En lugar de estancarse, la relación y los individuos pueden reanudar su crecimiento.

Mary Welch, en su libro *The Golden Key* [La llave dorada], habla acerca de una mujer que fue víctima de tantas calumnias falsas que la iglesia al final la excomulgó. Debido a que vivía en un pueblo pequeño, las cosas empeoraron, todos estaban al tanto de su situación y todos en la iglesia la esquivaban. La mujer odiaba al pastor, a los ancianos y a todos en la iglesia. Durante siete años se quedó prácticamente sin salir de su casa, deseando que Dios castigara a la iglesia. Se sentía tan sola que pensaba: «Si tan solo me pidieran perdón, yo los perdonaría. Pero si no lo hacen, no los perdonaré».

Por eso mientras esperaba, sufría. Ella misma se arruinó emocionalmente. Al final, sacó un mapa de la ciudad y oró sobre él, liberando a todos los involucrados en el escandaloso ataque, pidiendo a Dios que los bendijera. Cuando regresó a la iglesia, todos la recibieron. Le mostraron amor. *Nadie le pidió perdón y ella no mencionó que los había perdonado.* Pero las cosas empezaron a cambiar para bien. Desafortunadamente, le llevó siete años encontrar una manera de salir de esa prisión emocional, sentencia de la que no era enteramente responsable. Pero ese es el poder para perdonar que Dios nos ha concedido. No tenemos que depender de personas insensibles, caprichosas, para reconocer y saldar el error. Tenemos el poder de Cristo, el máximo perdonador, para poner en libertad a los cautivos, aun si se trata de cristianos cautivos.

CUANDO NO PODEMOS PERDONAR

De la misma forma que el perdón es una fuente segura de poder y sanidad, la falta de perdón no es precisamente estar al margen de una circunstancia, sino que es algo negativo que puede provocar enfermedades y otros problemas. No se puede echar a la espalda una situación que requiere perdón y esperar que desaparezca.

La incapacidad de perdonar trae como resultado la ira, el resentimiento, la queja, la depresión y todo tipo de perturbaciones emocionales. Incluso afecta mucho más que una relación problemática. Considere lo que ocurre en Medio Oriente, donde árabes y judíos parecen incapaces de perdonarse mutuamente. Tienen una lista de cuestiones pendientes que se remonta a cientos de años: ataques no provocados, mutilación y matanza de personas inocentes, apropiación ilegítima de propiedad privada y mucho más. No cabe duda que estas cosas son difíciles de perdonar. ¿Pero hay alguna posibilidad de que la paz llegue a esta región si no hay perdón? Es imposible. Habría momentos de paz, pero no ningún avance sustancial sin que ambas partes estén dispuestas a ofrecer perdón unilateral.

Aun en el seno de la iglesia, el perdón es una de las principales piedras de tropiezo. Como expresó Pablo: «Quítense de vosotros toda amargura, enojo, ira, gritería y maledicencia, y toda malicia. Antes sed benignos unos con otros, misericordiosos, perdonándoos unos a otros, como Dios también os perdonó a vosotros en Cristo» (Efesios 4.31-32). Las puertas del infierno no pueden prevalecer contra la iglesia, pero la falta de perdón seguramente podrá colocar unas cuantas piedras en el camino.

En cierta ocasión una mujer se acercó a los ancianos de su iglesia para decirles algo acerca de su esposo, quien creo que era en verdad un malvado.

—Queridos hermanos, no quiero que me entiendan mal. Quiero divorciarme de él, pero lo perdono. Lo único que quiero es que no vuelva a vernos ni a mí ni a los niños. No quiero que vuelva a poner un pie en nuestra casa.

—Si esto es todo lo que pide al perdonarlo —le dije—, ¿qué le exigiría si no lo perdonara?

No dije que estaba equivocada en sentir de esa manera; no dije que el esposo no se lo merecía; sí lo merecía. En los casos en que un hombre causa serios daños físicos y abuso mental sobre su esposa e hijos, la separación es indispensable.

Pero no estaba de acuerdo con su versión del perdón. Ella quería que él pagara por sus pecados aislándolo de su familia. Supongamos que usted confiesa un pecado a Dios, pidiéndole perdón. Él responde: «Está bien, no hay problema, te perdono. Pero ya sabes, ese pecado rebasó los límites por el resto de tu vida. Vas a ir al infierno cuando te mueras». Ese no es el tipo de perdón que Dios nos ofrece.

Cuando desafié a esta mujer, empezó a llorar.

—No llore —le dije—. Creo entenderla. Dios la comprende. Pero sea sincera... dígale a Dios que en realidad no puede perdonar a su esposo en este momento. Dios la entenderá.

No es fácil perdonar, de modo que no simulemos que lo es. Sólo pueden perdonar realmente los creyentes consagrados que desean hacer la voluntad de Dios, esos que sí obedecen a Dios, el que nos mandó a perdonar.

ENFRENTAR EL ARREPENTIMIENTO

He estado hablando acerca de problemas que surgen con frecuencia cuando el ofensor no pide perdón. Pero surgen otros problemas cuando alguien se arrepiente de su pecado. Aquí tenemos dos cuestiones que debemos considerar, especialmente por los líderes.

Tenemos que tener cuidado de no atacar al pecador sino al pecado. Supongamos que Satanás induce a una mujer cristiana a pecar. Mi primera reacción sería ir contra Satanás y contra la mujer. Pero, ¿quién es el verdadero enemigo? Satanás. Debería ponerme del lado de la mujer y juntos ir en contra de Satanás, contra el pecado, en oración, en lograr el perdón. Se dice que Satanás nunca destruye a un cristiano; él sólo lo hiere y otros cristianos lo rematan. Cuán cierto es que la iglesia es el único ejército que fusila a sus heridos.

La confidencialidad es parte del cuidado al pecador. Sea o no líder, debe demostrar ser absolutamente confiable en cuanto a no revelar los pecados de otros. El paso del tiempo, o el cambio de circunstancias, no nos da súbitamente luz verde para revelar los asuntos que nos dijeron confidencialmente.

La segunda cuestión es que *cuando escuche la confesión de alguien, déjelo hablar, luego pregunte y no le conceda perdón apresuradamente.* ¿Por qué la precaución? A veces una confesión no es sincera. Cuídese de alguien que intenta regar la culpa a su alrededor.

«Hermano Ortiz, debo confesarle que cometí adulterio. Pero la culpa es de mi esposa porque siempre me ignora. Me trata como a un perro. En cambio esta otra mujer fue siempre tan amable...» Este hombre descarga el delito en todos menos en él. Quizás otros tengan algo de culpa, pero eso no disminuye su falta.

En ese caso, dígale a la persona: «Vuelva a la casa y ore más por el asunto. Pienso que su confesión no es adecuada. Vuelva mañana y conversaremos».

Cuando advierto que una persona está realmente arrepentida, que odia sus pecados como Dios los odia, que entiende la mancha que ha traído sobre el cuerpo de Cristo y las consecuencias que ha acarreado sobre algunas personas, le perdono. No reparto perdón como si fueran tarjetas de Navidad.

En Argentina, un miembro de mi equipo inició una iglesia en otra ciudad y disfrutaba de gran éxito. Luego un día cayó en un terrible pecado.

—Juan Carlos, sé que soy un inicuo —confesó mi amigo entre lágrimas—. Soy ciento por ciento culpable. Me pongo en tus manos. Si me dices que me arroje al río con una piedra atada al cuello, lo haré. Si me dices que me vaya al Brasil o a Australia, me iré. Dime qué quieres que haga.

Le respondí que de acuerdo con nuestras normas quedaba expulsado del ministerio, su salario se suspendía y no le aseguraba que predicaría otra vez.

Después fui a mi oficina a orar. Mi conciencia me decía: «Qué fácil lo hiciste. Cuando él obraba bien, disfrutabas su gloria. Ahora que ha obrado mal, no quieres sobrellevar su culpa. Lo has tronchado. Quizás muera de tristeza y depresión, pero tú has salvado tu reputación. El santo Juan Carlos Ortiz no permite ningún pecado en su iglesia. Juan Carlos, la verdad es que su fracaso es tu fracaso, de la misma forma que su éxito fue tu éxito. Él es parte de ti».

Por eso hablé con mi amigo:

—Perdóname. En realidad, no supe perdonarte. Porque si lo hubiera hecho, mi trato hubiera sido distinto. No desearía que pagaras primero. Percibirás tu salario completo, porque lo necesitarás ahora más que antes ya que dejarás de predicar mientras resuelvas las consecuencias de tu pecado.

—Pastor, es una locura —dijo él—. ¿Sabe lo que dirán acerca de usted y de su iglesia?

—Deberías haber pensado en eso antes de pecar —le respondí—. Ya veremos cuánto vamos a pagar por tu pecado. Pero porque te amamos y eres uno de nosotros, vamos a sufrir la culpa juntos.

Y lo hicimos. La crítica y el chisme fueron peor que cualquier disciplina que hubiera inventado. Mi amigo llegó a pedirme que lo liberara, para poder irse a otro país.

—No, señor —le dije—. Debes quedarte y aprender que lo que has hecho no es algo trivial. La restitución llevará tiempo.

Él aprendió —y todos aprendimos— lo que significó para Jesús identificarse con nuestros pecados. Jesús puso su vida por nuestros hermanos y nosotros tenemos que hacer lo mismo. Jesús recibió los latigazos que nosotros merecíamos, y a veces tenemos que recibir algunos de los latigazos destinados a un hermano o hermana en Cristo.

No es fácil perdonar. La cosa más natural es devolver el golpe cuando alguien nos pega. Eso no requiere poder, sólo reflejos. La verdadera necesidad de una infusión de poder, el auxilio del Espíritu para autocontrolarnos, viene cuando debemos refrenarnos para no devolver el golpe. Eso es lo que la madurez cristiana nos llama a hacer.

Podemos hacerlo todo, incluso perdonar la situación más imperdonable, por medio de Cristo que nos fortalece. Cuando permanecemos limpios de nuestros pecados, libres de cualquier problema pendiente con otros, estaremos mucho mejor preparados para cultivar la clase de vida de oración que Dios nos pide que llevemos.

8 || *Orad sin cesar*

¿**H**AY CADENAS DE ORACIÓN en su iglesia? Ya sabe a qué me refiero: esas listas en las que usted firma y se compromete a orar todas las mañanas de siete a ocho... o quizás a oscuras horas de la madrugada, cuando debe salir a tientas de la cama tibia mientras el resto de la gente normal todavía está de visita en el país de los sueños. La norma no escrita en las iglesias en las que he participado expresaba que, si usted no firmaba en algún horario de la cadena, era menos espiritual que los demás.

En consecuencia, yo firmaba. Llegaba mi horario y oraba. Pero, después de un rato, echaba una mirada al reloj... ¡y habían pasado sólo cinco minutos! ¡Faltaban todavía cincuenta y cinco minutos más!

¿Por qué pasa eso con la oración? Supongamos que su novio le dice a los quince minutos de una cita: «¡Qué terrible! Todavía tengo que estar tres horas más contigo». Usted seguramente se preguntaría por qué su pareja se molesta en pasar tiempo a su lado. Pienso que Dios debe preguntarse a menudo lo mismo respecto a sus hijos cuando estos se acercan a Él en oración.

Admitámoslo: ¿Cuál es la reunión menos numerosa en su congregación? La de oración. Hasta escuchamos decir a los predicadores: «No importa. Es tan *solo* una reunión de oración».

En los próximos capítulos me propongo criticar nuestro enfoque tradicional de la oración. Por cierto, no tengo nada en su contra. Pero quiero señalar algunas concepciones erradas que manejamos en torno a ella.

La oración es uno de los más grandes dones que Dios nos ha dado. La posibilidad de la oración nos recuerda que tenemos acceso a la presencia de Dios. ¡Qué increíble! Sin embargo, esta posibilidad tuvo el precio del sacrificio de Cristo. Él sufrió la cruz y con su sangre pavimentó una ruta directa hacia el trono de nuestro Padre, un Padre que hasta ese momento había estado distante. La oración es el vehículo supersónico por el que podemos viajar hasta Dios.

Este camino está abierto a todos, sin discriminación. Puede ser usted un adulto, un cristiano maduro o un pequeño de siete años. Quizás un sordomudo. O tal vez haya cometido pecados que le darían a Dios todo el derecho de negarle la comunicación. Pero lo que nos hace iguales a todos es que Dios nos escucha. No es imprescindible que se encuentre en el templo para orar. No necesita ser la persona más fiel de la cadena de oración. No es obligación que mantenga un tiempo devocional diario. Dios lo escucha en cualquier momento y en cualquier lugar. ¡Qué regalo más extraordinario!

Puesto que la oración es un don que viene de lo alto, tenemos el compromiso de ser buenos administradores o mayordomos de este bien. Debemos mejorarlo y cultivarlo. De lo contrario, vamos a experimentar constantes fracasos en nuestro andar con Dios.

¿ES LA ORACIÓN UNA ACTIVIDAD O UNA MANERA DE VIVIR?

Puedo imaginar a Dios, cuando creó a una criatura de dos piernas, con capacidad de orar, diciéndose a sí mismo: «Qué bueno; seguramente estos seres humanos van a estar entusiasmados con la posibilidad de comunicarse con su Creador». Nada de eso; hemos hecho de la oración lo opuesto a lo que Dios se propuso que fuera. Es como si alguien le obsequiara zapatos y usted los usara como floreros, mientras sus pies descalzos se enfrían y lastiman.

Equivocar el sentido de la oración no es un problema nuevo. Hasta la iglesia primitiva necesitó una advertencia: «Pedís, y no recibís, porque pedís mal, para gastar en vuestros deleites» (Santiago 4.3).

¿Puede ser que las plegarias al Dios verdadero sean egoístas y perversas? ¿Aun la oración de cristianos decentes y bien intencionados? Sí, esto ocurre; más de lo que usted piensa. Puesto que las Escrituras señalan que la oración puede tener una orientación errada y hasta puede ser totalmente opuesta a los propósitos de Dios, quiero analizar algunos de los problemas más graves que se presentan. En lo que queda de este capítulo exploraré el primero de estos problemas: cuando la oración se transforma en una *actividad* y no en una manera de vivir.

Supongamos que decida: «Voy a orar todas las mañanas de seis a seis y media». Eso es una actividad. Puede ser una buena actividad si le ayuda a establecer una relación con Dios, que estaba ausente a causa de su falta de disciplina. Pero si ese es todo su contacto con Dios, está equivocando el rumbo. Compare: ¿Estaría satisfecho su cónyuge si considerara en su agenda media hora diaria de conversación, pero lo ignorara el resto del día?

La oración debe enfocarse como una manera de vivir, porque la oración es vida. Es una vida en relación con otra persona que desea mantener intimidad con nosotros; es vida en relación con Aquel que es fuente de nuestra vida. ¿Es Jesucristo sólo un transeúnte que comparte una gaseosa con usted cada vez que pasa? No. Él vive siempre con usted. Lo menos que puede hacer es hablar siempre con Él.

Todos hemos leído el versículo que dice: «Orad sin cesar» (1 Tesalonicenses 5.17). La mayoría se ha planteado que eso es difícil de cumplir y que, por consiguiente, debe significar: «Oren mucho». Lo siento, pero «sin cesar» significa exactamente eso: «ininterrumpidamente». Esto también nos indica que la oración no es una actividad sino algo que *fluye*. Supongamos que usted y yo vamos a salir de viaje en automóvil. Yo le digo: «Me será grato conversar contigo de seis a seis y media durante el viaje. El resto del tiempo, mi mente estará en otra parte, de modo que será mejor que aproveches el momento y que me digas cualquier cosa importante que tengas que decirme, dentro de ese horario».

Suena ridículo, ¿verdad? Nunca dejaríamos que la comunicación con un amigo parezca un sacrificio de nuestra parte. Con demasiada frecuencia, sin embargo, le planteamos a Dios que la oración es un sacrificio de nuestro precioso tiempo y energía. ¿Es un sacrificio respirar? No. Podemos respirar sin siquiera pensar en ello. Es más, no podemos dejar de hacerlo salvo por contados segundos. En un sentido, hasta resulta placentero respirar.

Solemos cantar: «Él camina a mi lado y habla conmigo a lo largo de este estrecho sendero». Así es como debiera ser en realidad. Caminar y hablar con Dios, lo mismo que respirar, no debiera cansarnos en lo absoluto. Las actividades cansan. La *vida* no.

Por eso, no tiene sentido que al iniciar un nuevo año declaremos: «Voy a empezar este año orando». Nunca debiéramos empezar o terminar de orar. Deberíamos estar orando sin cesar. ¿Cuál es el otro nombre de algo que nunca cesa? Vida. Si usted deja de respirar, *muere*. Deje de orar y empezará a morir espiritualmente. La oración es como una especie de respiración espiritual.

ANDAR GUIADO POR EL ESPÍRITU

Muchas personas piensan que la idea de caminar en el Espíritu Santo es demasiado profunda. Pero no es así. Ni siquiera es difícil. *Andar en el Espíritu significa estar constantemente consciente de que Cristo está dentro de usted.*

Enfatizo la noción de que esto debe hacerse *constantemente*. «Realmente sentí la presencia de Dios durante ese culto —dirá alguno—. El Señor verdaderamente estuvo allí hoy».

Pues bien, ¿dónde estaba Él antes de que usted llegara al templo? ¿Estaba colgado del cielorraso, esperando que el volumen del canto congregacional lo despertara? No, *nosotros* traemos a Cristo, porque Él vive en nosotros. No es raro que sintamos con más facilidad Su presencia en una reunión de creyentes, o que en ocasiones lo percibamos de manera especial. Pero nos equivocamos si lo consideramos como un personaje que hace su aparición especial sólo en los actos que tienen suficiente voltaje espiritual. Tan pronto como desarrollamos esa actitud, estamos restringiendo a Dios a simples actividades. Jesús no vino al mundo para traernos actividades; Él vino para darnos vida, vida en abundancia... una experiencia que va hacia adelante.

Supongamos que voy a su casa el lunes en la mañana. Llamo a la puerta, pero nadie responde. Vuelvo a llamar, pero nada.

—¿No hay nadie en casa? —pregunto—. No hay respuesta. Pero escucho ruido en el interior, de modo que insisto:

—¡Hola! ¿Alguien está allí?

Usted sigue sin responder, de modo que entro por mi cuenta. Lo sigo a la cocina, al baño y al dormitorio diciéndole:

—Quiero hablar contigo.

Sigo sus pasos hasta el supermercado, luego al trabajo, pero usted nunca me contesta. Lo mismo ocurre el lunes, el martes y toda la semana. Llega la mañana del domingo y usted se presenta todo sonriente al culto. Me saluda, casi cantando:

—Hola, hermano Ortiz. ¡Aleluya, hermano!

—Cállate —respondo yo—. Estuve toda la semana en tu casa. Te seguí a todas partes. Pero nunca te diste cuenta de que estaba allí.

Cristo está continuamente con nosotros. Vivir en el Espíritu es estar siempre en comunión con Él. ¿Por qué esperar a la próxima reunión de oración si Él se encuentra con usted adondequiera que esté?

Dos discípulos iban camino a Emaús (véase Lucas 24) hablando acerca de Cristo; cuando Jesús se les apareció, literalmente caminaban con Él. Pero seguían sin darse cuenta de su presencia. Cuando al fin llegaron al pueblo y se detuvieron a descansar, Jesús partió el pan con ellos y entonces se les abrieron los ojos. ¡Era Jesús! Esto sí que era algo para anunciar: una cena íntima con el Señor resucitado. Corrieron de regreso a Jerusalén a propagarlo entre los discípulos.

Con demasiada frecuencia nosotros nos comportamos como estos dos discípulos. Vamos de un lado al otro con el Rey de reyes, tan cerca que podríamos tocarlo, pero absurdamente esperamos algún glorioso momento de comunión, o el culto de adoración, para recién entonces dejar que se abran nuestros ojos y corazón. Puesto que Cristo está constantemente con nosotros, deberíamos unirnos con gozo en comunión con Él a cada paso del polvoriento camino.

NECESITAMOS TENER INTIMIDAD CON DIOS

¿Significa esto que si tenemos una comunicación constante y saludable con el Señor no necesitamos jamás detenernos a tener un momento de intimidad con Él? Por favor, no me entienda mal. No digo que los que mantienen un momento devocional diario con el Señor deban suspender esta práctica o actividad cotidiana. Todo lo contrario.

Por mi parte, hablo constantemente con mi esposa cuando estoy en casa y la llamo con frecuencia por teléfono cuando estoy de viaje. Pero a veces le digo: «Vayamos a tomar un café, lejos del teléfono y de los niños, para que podamos conversar acerca de cómo solventar la educación universitaria de nuestros hijos». Otras veces le propongo pasar un par de días en un hotel para estar solos y descansar, para disfrutar mutuamente de estar juntos.

El hecho de disfrutar con ella esos momentos especiales no significa que puedo pasar por alto la comunicación cotidiana, ni viceversa. Ambas son partes de nuestra relación. Cuando recién conocí a Marta, nuestra conversación giraba en torno a temas corrientes, por lo general, en el marco de un encuentro en grupo. Pero a medida que la relación se volvió más seria, necesitábamos tener conversaciones más íntimas. De la misma forma, cuanto más cultivamos la amistad con Cristo, tanto más deseamos estar a solas con Él. No se trata de una interrupción molesta en una jornada que de otra manera sería excitante. Por el contrario, es un placer hablar con Dios a solas, sin interrupciones.

A veces estoy conversando con Dios mientras conduzco el automóvil en un largo viaje, y percibo que Él desea captar completamente mi atención. Entonces le digo: «Espera un momento. Hablemos más detenidamente sobre este asunto». Detengo el auto a un lado del camino, y mi mente y mi espíritu quedan en completa libertad para continuar nuestro diálogo. Una vez que reconozco lo que el Señor trataba de mostrarme, me incorporo y me pongo otra vez en marcha.

Asignar momentos especiales para orar es muy bueno, pero puede reducirse a una simple *actividad* si esa es toda nuestra comunicación con Dios. Un tiempo personal de oración debiera ser el corolario, la consecuencia de nuestra constante vida de oración y de nuestro deseo de llevar una relación más íntima con Dios. Mantener un tiempo regular a solas con Él seguramente es mejor que no conversar en absoluto, ni depender de un encuentro emotivo cada domingo. Pero este encuentro diario no alcanzará nunca la plenitud que debiera tener, a menos que cultivemos una relación que nos lleve a desear estar siempre con Dios.

9 ¿Es sordo Dios?

CUANDO REGRESO de un viaje, mi esposa siempre me espera en el aeropuerto. He conducido desde el aeropuerto a casa tantas veces, que podría hacerlo con los ojos cerrados.

Sin embargo, siempre me dice algo así: «Gira a la derecha en la próxima esquina». «Ahora quédate en el carril izquierdo porque tienes que girar a la izquierda».

Ya sé todo eso. Pero la dejo hablar. ¿Sabe por qué no me quejo de toda esa instrucción innecesaria? Porque sé que, por alguna razón, Marta necesita decirlo. No necesito las orientaciones, pero ella necesita hablar.

En el terreno espiritual —quizás debiera decir en el religioso—, a menudo hacemos y decimos cosas porque *nosotros* lo necesitamos, no porque Dios las necesite. Si seguimos creciendo espiritualmente, con el tiempo abandonaremos algunos de esos hábitos.

Pienso ahora en el segundo problema sobre la oración al que quiero referirme: *Las oraciones no necesitan repetirse.* Por supuesto, Dios es paciente y entiende nuestras razones para hacerlo, de modo que en realidad no tiene nada de malo reiterar oraciones a Dios. Pero Dios no es sordo. No es duro de entendimiento. Él nos oye la primera vez que hablamos.

Presento este enfoque no con el carácter de una doctrina incontrovertible, sino para que reflexionemos acerca de un aspecto de la oración en el que quizás nunca se haya detenido a pensar. Pensémoslo juntos. En las siguientes páginas considere si Dios tal vez quiera mostrarle una manera más efectiva de orar.

¡DESPIERTA, SEÑOR!

Antes de abordar concretamente el tema de la repetición en la oración, piense en su manera habitual de orar. A menudo comenzamos con la suposición de que Dios está lejos: «¡SEÑOR! ¡ESCUCHA NUESTRA ORACIÓN!» Pensamos que el volumen de nuestra voz es la demostración de la sinceridad de nuestro corazón. «¡EXTIENDE TU MANO! ¡AVÍVANOS! ¡SÁNANOS! ¡SÁLVANOS!», etc. Cuando dice esto, ¿se imagina una mano que se extiende desde unos quinientos trillones de años luz, allá lejos en el espacio, o desde dentro de su alma, o desde sus hermanos en la fe...?

Recuerde lo que dijo Juan el Bautista: «El reino de los cielos se ha *acercado*». Piense en el Pentecostés, cuando Dios cumplió la promesa de la plenitud del Espíritu Santo a los creyentes. Cristo, que está en nosotros, esperanza de gloria, no se ha ido de vacaciones. Sigue siendo Emanuel: *Dios con nosotros.*

No me pongo en contra de clamar o llorar en la oración o en la adoración. Si a usted le ayuda, hágalo. Pero Dios no lo necesita. Y si acostumbra a orar como si lo hiciera ante un micrófono, tenga cuidado de no engañarse pensando que el volumen adicional es imprescindible para alcanzar a un Dios que se ha retirado a la lejanía.

Es esta misma actitud, en el fondo, la que nos lleva a creer que necesitamos repetir las plegarias una y otra vez. Quizás usemos diferentes palabras para decir lo mismo. Tratamos de hacer la misma petición con más elocuencia que la hermana que acaba de orar. Creemos que Dios finalmente va a entendernos y que va a acceder si repetimos la misma oración todos los días durante un mes o años.

Tratamos a Dios como si fuera una máquina de apuestas. Ponemos una moneda en la máquina, tiramos de la palanca y controlamos nuestra puntuación. Si acertamos, dejamos de jugar. Si no ganamos nada, seguramente intentaremos una y otra vez hasta donde nos alcance el dinero en espera del gran momento. Concebimos nuestras oraciones como si fueran moneditas. *Pling, brrr. Pling, brrr.* Una y otra vez.

No puedo menos que preguntarme si al reiterar las oraciones no estamos poniendo de manifiesto nuestras dudas. ¿Está resolviendo con una fe al cuarenta por ciento, calculando que Dios oye aproximadamente cuarenta por ciento de lo que ora y que, por consiguiente, será mejor tener a mano una oportunidad más para cubrir el sesenta por ciento faltante? El apóstol Santiago advirtió acerca de la oración con duda: «Pero pida con fe, no dudando nada: porque el que duda es semejante a una onda del mar, que es arrastrada por el viento y echada de una parte a otra. No piense, pues, que recibirá cosa alguna del Señor» (Santiago 1.6-7).

Muchos acostumbramos usar una lista de oración. La repasamos temprano por la mañana y nos sentimos mejor. Si la omitimos un día, nos sentimos un poquito culpables. Algunos días, en que estamos muy espirituales, la repetimos hasta tarde y sentimos que realmente hemos escalado unos cuantos peldaños.

Entonces, Dios *escucha* esas oraciones. Pero seamos sinceros, ¿Quiere Dios para usted una *religión* o una *relación*? Si tenemos con Él una relación, le hablaremos a menudo, más de una vez al día y cada vez de manera diferente. Imagínese tratando de llevar la misma conversación con su cónyuge *todos los días*. Cambian una o dos palabras, pero el contenido es siempre el mismo. Esa clase de diálogo pronto perdería sentido para ambos.

Además, no es mi intención condenar a nadie por reiterar sus oraciones. Dios nos ha creado con emociones y con una estructura sicológica que busca lo familiar y lo tradicional. Observe los cultos de la iglesia. Esperamos que ocurran ciertas cosas y las consideramos casi sagradas (aunque no lo digamos): el órgano, el coro con sus togas apropiadas y toda la liturgia. A estas cosas se le suman otras para dar una configuración sicológica de la santidad de Dios y de cuál es la mejor manera de adorarlo.

Los hábitos y ornamentos religiosos así como las especias. Es posible comer pastas con o sin albahaca, orégano y ajo. Pero como Dios me ha creado con el sentido del gusto, es natural que opte por saborear los tallarines con algún aroma apetitoso. Aun así, la sustancia de las pastas persiste. Mi estómago no se llena más, ni menos. Lo que consumo me nutre igual. De la misma manera, quizás nosotros necesitemos repetir nuestras oraciones, pero Dios no necesita que lo hagamos.

LA REPETICIÓN EN LAS ESCRITURAS

¿Dice la Biblia que el que repita sus oraciones recibirá más? No. Declara que quien *cree* será reconocido justo y su oración será respondida.

Recuerde a Pablo cuando se refería a su «aguijón en la carne», un obstáculo que Satanás le ponía en su ministerio. El apóstol menciona que era algo tan molesto que oró tres veces por ello (2 Corintios 12.8), pidiendo a Dios que se lo quitara. ¡Vaya! *Tres veces*. Un problema grande llevó a Pablo a orar tres veces y a mencionarlo en su epístola; esto me invita a pensar que habitualmente el apóstol planteaba a Dios una sola vez sus problemas y quizás dos si era más serio. Jesús, en el huerto de Getsemaní, también oró tres veces pidiendo al Padre que le evitara el camino que tenía por delante. En cada caso, en las tres oportunidades que oró, la respuesta fue negativa.

Sin duda, repetimos nuestras peticiones porque las concebimos como una máquina de apuestas, sin poder acertar todavía el premio. No obtenemos respuesta a nuestras oraciones o no la percibimos. Dios no está obligado a respondernos de inmediato o tan pronto como esperamos. Quizás Él quiera esperar un tiempo antes de respondernos; pero, ¿necesita que se lo recordemos de tanto en tanto? Creo que no.

Uno de los dramáticos contrastes respecto a este principio en las Escrituras fue el enfrentamiento de Elías con los profetas de Baal, en el monte Carmelo. Los profetas de Baal convocaron a su dios desde la mañana hasta la noche, con creciente frenesí. Saltaban alrededor del altar y se herían ellos mismos.

Luego, llegó el turno de Elías. Después de acondicionar el altar y para dificultar más las cosas, empapó las piedras con agua y elevó una sola oración a Dios. Dios respondió y descendió fuego desde los cielos.

La actitud de los profetas de Baal es característica de una práctica habitual en la mayoría de las religiones del mundo: la oración repetitiva. Si consideramos que en algunos casos lo que adoramos son piedras e imágenes de madera, empezamos a entender esta práctica repetitiva. Las deidades de esas religiones eran literalmente cabeza dura. Nuestro Dios no lo es. Es inteligente y nosotros hemos sido creados a su imagen. Quizás a veces no podamos escucharlo, pero Él no tiene problema alguno para oírnos.

¿Y QUÉ DE...?

Si usted es un estudiante asiduo de las Escrituras, seguramente planteará algunas objeciones a mi análisis.

Consideremos, por ejemplo, la insistencia de la viuda en Lucas 18. El juez dijo: «Porque esta viuda me es molesta, le haré justicia, no sea que viniendo de continuo, me agote la paciencia» (Lucas 18.5). Jesús no dijo que necesitamos usar como ejemplo la manera de orar de esta mujer, amenazando cansar a Dios con nuestras repeticiones.

Creo que necesitamos ver esta parábola en su contexto. En el pasaje anterior, en Lucas 17.20, Jesús inicia un diálogo acerca de la llegada del reino de Dios y su plenitud. Al entrar en el capítulo 18 Lucas explica que la parábola tenía la intención de mostrar «la necesidad de orar siempre, y no desmayar» (Lucas 18.1). Después de la parábola, Jesús terminó diciendo: «Pero cuando venga el Hijo del Hombre, ¿hallará fe en la tierra?» (Lucas 18.8).

La viuda buscaba protección frente a un adversario; *nuestro* adversario es el diablo y su manifestación en la tierra. La Iglesia es como la viuda, sufriendo injusticia en un mundo donde Satanás tiene amplio dominio; la oración constante de la Iglesia es: «Señor, ¿cuándo nos traerás alivio del adversario que nos acosa? ¿Cuándo traerás justicia a la tierra?» No se trata tanto de una plegaria para repetirse textualmente, sino de una actitud que se debe mantener con perseverancia. No habrá justicia plena en la tierra hasta que el Señor regrese. Mientras tanto, ¿vamos a «desmayar»? ¡No! «Fe en la tierra» es lo que Jesús quiere ver cuando regrese.

Una parábola similar es la del vecino importuno de Lucas 11. Esta persona va donde su vecino a medianoche, en busca de pan para una visita inesperada que ha recibido. La primera vez se le niega el pedido porque es demasiado tarde. Pero luego dice Jesús: «Os digo que, aunque no se levante a dárselos por ser su amigo, sin embargo por su importunidad se levantará y le dará todo lo que necesite» (Lucas 11.8).

«Importuno» podría traducirse también en este caso como «desvergonzado» o «indiscreto». Fue la desvergüenza de esta persona imprudente, que llamó a la puerta de su vecino a medianoche, la que obtuvo respuesta. Por lo que al asunto en sí se refiere, tal vez no transcurrieron más de diez o quince minutos, no los meses y años durante los cuales solemos repetir una petición. Lo que creo que Jesús quería enfatizar en esta parábola es que ningún momento es importuno para orar y que no hay petición que sea demasiado grande para Dios.

También está la cuestión de la amistad. La familiaridad del vecino no era suficiente para que se le abriera la puerta. Sólo su imprudencia lo haría. Debe recordar que para acercarse a Dios en oración no tiene que estar completamente bien con Él. Quizás haya enfriado su relación con el Señor debido al pecado o al descuido. Pero no pierda la esperanza. Dios presta oídos aun a los desvergonzados que lo invocan.

Quizás interprete estas parábolas de Jesús algo diferente a como yo las veo, pero quisiera terminar con una declaración textual de Él mismo: «Y orando, no uséis vanas repeticiones, como los gentiles, que piensan que por sus palabrería serán oídos» (Mateo 6.7). Esta es la clase de Dios al que servimos, el que por su voluntad dio su vida por nosotros. Él no quiere que nuestra relación se reduzca a una «repetición vacía», a monótonas listas de peticiones y a fórmulas predecibles. Él quiere un diálogo constante, porque oye desde la primera vez que hablamos y tiene la esperanza de que nosotros escuchemos lo que Él tiene que decirnos... siempre que no estemos demasiado absortos con nuestra cháchara.

10 | Paz en la oración

La FIESTA DE BODAS en Caná se estaba desarrollando tan bien como se hubiera podido esperar. En realidad, quizás estaba resultando mejor de lo que habían esperado, porque los invitados habían acabado con toda la provisión de vino.

María estaba allí con Jesús. Si bien el ministerio de Jesús aún no había florecido, ella sabía que Él podría hacer algo respecto a este pequeño problema que nadie más podía hacer.

«No tienen vino», le dijo a Jesús. Y no agregó nada más. No le ordenó: «Hijo, haz vino para ellos».

Es importante comprender la diferencia, si queremos entender bien lo que es la oración. *María planteó la necesidad, pero no indicó la solución.* Trajo el problema a Jesús y confió en la solución que Él le daría. Una vez que se lo comunicó, el problema dejaba de estar en sus manos.

La súplica de María demuestra la actitud clave en nuestro acercamiento a Dios: la paz. La actitud típica de la carne es la ansiedad, que es tan natural como la rebeldía. No necesitamos ninguna preparación para aprender a preocuparnos. Pero a todos nos viene bien alguna ayuda para cultivar la paz de espíritu. Si lo hacemos, el canal de comunicación entre nosotros y Dios será mucho más fluido.

LA PAZ QUE DIOS PROVEE

Isaías 53.3 habla con antelación de la persona de Cristo: «Despreciado y desechado entre los hombres, varón de dolores, experimentado en quebranto; y como que escondimos de Él el rostro, fue menospreciado, y no lo estimamos». ¿Por qué un hombre maravilloso como Jesús fue despreciado y rechazado? ¿Por qué se nos dice que era un hombre de dolor, acostumbrado al sufrimiento? Él nunca hizo daño a nadie; al contrario, sanó a muchos. No hizo nada que mereciera el escarnio o la burla.

Los versículos que siguen explican esta paradoja: «Ciertamente llevó Él nuestros dolores; y nosotros le tuvimos por azotado, por herido de Dios y abatido. Más Él herido fue por nuestras rebeliones, molido por nuestros pecados; el castigo de nuestra paz fue sobre Él, y por su llaga fuimos nosotros curados» (Isaías 53.4-5).

De manera que el intenso sufrimiento de Jesús no nacía en Él, sino en nosotros. Él no merecía sufrir, lo merecíamos nosotros. Él tomó los dolores, los sufrimientos y el castigo que nosotros merecíamos a causa del pecado y lo soportó todo. Lo hizo para que pudiéramos gozar de salud, paz, bienestar.

Todo eso está muy bien en palabras, pero usted sabe por experiencia que no es tan fácil mantener desconectado el canal de la ansiedad. Satanás no se rinde ante el hecho de que Dios ya ha triunfado. *Quiere que el pueblo de Dios vuelva a pagar por lo que el Hijo de Dios ya ha pagado.* Veo tanta ansiedad en el pueblo de Dios que reconozco que hay un abismo enorme entre la paz que Dios ha ganado para nosotros y la paz que la iglesia promueve.

No quiero decir con esto que Jesús murió para evitarnos las dificultades. Tampoco sostengo que no debamos vivir sufrimiento alguno. Cuando muere un ser querido, es natural que suframos. Cuando estamos enfermos, es casi seguro que vamos a sentir dolor. No podríamos «llorar con los que lloran» (Romanos 12.15) si no hubiera algo legítimo por lo cual llorar.

Job, por ejemplo, tenía una vida sin obstáculos. Satanás calculó que si Dios desarreglaba un poco el pequeño paraíso de Job, este maldeciría a Dios. Dios aceptó la apuesta de Satanás. Sabemos el resto de la historia. Y cómo buscó Job cada vez más profundamente hasta encontrar lo que era más perdurable y valioso que todas las riquezas, el ganado e incluso más valioso que los hijos: la paz con Dios. Era esa actitud de paz que acepta tanto lo bueno como lo malo, sabiendo que Dios mantiene el control.

Nuestra experiencia es similar a la vida de Job, en que no todo marcha bien. Esto es cierto para cualquier persona. Pero debiera haber algo que diferencie a los cristianos de aquellos que no conocen a Dios. Cuando todo parece marchar mal, debiéramos mostrar una reacción diferente, una actitud diferente. Nosotros tenemos paz con Dios. El mundo no.

NO ES LA PAZ QUE DA EL MUNDO

La salvación es más que una póliza de seguros para evitar situaciones incómodas en el más allá. La salvación es para aquí y ahora. Si creemos en el Hijo de Dios, tenemos vida eterna —ahora— y deberíamos empezar a reflejar algo de la eternidad en este ambiente terrenal. Igual que Sadrac, Mesac y Abed-nego, deberíamos danzar en medio del fuego.

¿Qué nos impide hacerlo? Un problema es que nos confundimos respecto a diferentes tipos de paz. Jesús dijo: «La paz os dejo, mi paz os doy; yo no os la doy como el mundo la da. No se turbe vuestro corazón, ni tenga miedo» (Juan 14.27).

La paz que da el mundo es la que se logra si usted tiene un buen salario, buena salud, hijos obedientes, una esposa cariñosa, dos autos nuevos, un perro bien entrenado y muchos canales de televisión por cable. Aun teniendo todo eso y mucho más, hay personas que no gozan de una paz duradera. Ya sabemos cómo define el mundo esta paz: ausencia de problemas inmediatos.

La paz que Jesús nos da «sobrepasa todo entendimiento» (Filipenses 4.7). No hay razones aparentes para gozar de esta paz. Todo puede estar en nuestra contra y sin embargo aún podemos tener paz fugaz. Esta es la paz que tenían Pablo y Silas en la cárcel. Tenían razones más que suficientes para quejarse, o podrían haber optado por mostrarse muy religiosos y orar para que Dios les liberara los pies de los cepos (seguramente al cabo de una o dos horas ya estarían muy incómodos con esos grillos). En vez de eso, oraban y alababan con himnos al mismo Dios cuya misión los había puesto en esta encrucijada. Frente a personas así, no nos debe sorprender que el carcelero les preguntara: «Señores, ¿qué tengo que hacer para ser salvo?» (Hechos 16.30). El carcelero reconocía que tenían algo que él carecía.

Pablo y Silas fueron capaces de testificar de esa inexplicable paz con aquel hombre. Pero no eran los hombres la fuente de esa paz. Como expresó Jesús: «Mi paz os doy». La paz que Cristo da está fundada en Él y una vez que Él viene a vivir a nuestra vida, ya no podemos perderla. Qué fácil, en cambio, es perder la paz del mundo: los hijos entran en rebeldía, el matrimonio fracasa, perdemos el trabajo; por la enfermedad y la muerte —que son inevitables—, o porque nuestro fiel perro mordió el cable del televisor antes de nuestro programa favorito. La tremenda fragilidad de la paz del mundo hace que sea imposible disfrutar cómodamente de su efímera presencia.

ECHÉMOSLAS POR LA PAZ

Aunque Jesús es el dador de la paz hay algo que nosotros debemos hacer: «Echando toda vuestra ansiedad sobre Él, porque Él tiene cuidado de vosotros» (1 Pedro 5.7). Aquí es donde se compromete nuestra voluntad. Podemos optar por entregar nuestras ansiedades a Jesús o atesorarlas. Jesús está dispuesto a llevar todas nuestras cargas: Las Escrituras explican que en su muerte Él se hizo cargo de nuestros pecados y también de nuestras ansiedades y sufrimientos debido a un mundo caído.

Algunas personas creen que esto es algo muy complicado. «¿Cómo se hace?», preguntan. No se complique. Cuando usted perciba que empiezan a filtrarse las preocupaciones, deténgase y reflexione: «Un momento, me estoy preocupando. Tengo sobrados motivos por los cuales afligirme, pero no voy a hacerlo. Voy a dejar todas mis preocupaciones a Jesús, porque Él se hace cargo de ellas».

La mayoría de los cristianos piensa que hay restricciones en lo que Pedro dijo: «Deja a Dios tus preocupaciones, pero haz algo por tu parte, porque en realidad eres insignificante para Él». O: «Déjale a Dios los problemas serios, pero hazte cargo de los más pequeños». No. El apóstol dijo que dejáramos *todas* nuestras preocupaciones a Jesús. Hay buenas razones para que lo hagamos, como veremos más adelante, y no precisamente para que nos desentendamos de todo.

Quizás todavía no entiende cómo puede dejar sus preocupaciones a Dios y asegurarse de que pasado el tiempo, no le reboten otra vez en proporciones aún más grandes. Consideremos con detenimiento el manual de instrucciones que acompaña el don de esta paz especial que sobrepasa todo entendimiento.

Regocijaos en el Señor siempre. Otra vez os digo: ¡Regocijaos![...] Por nada estéis afanosos, sino sean conocidas vuestras peticiones delante de Dios en toda oración y ruego, con acción de gracias[...] Por lo demás, hermanos, todo lo que es verdadero, todo lo honesto, todo lo justo, todo lo puro, todo lo amable, todo lo que es de buen nombre; si hay virtud alguna, si algo digno de alabanza, en esto pensad. **Filipenses 4.4,6-8**

¡Regocijaos! Ese es un buen comienzo. Puede ser difícil regocijarse cuando está preocupado, pero una vez que logra su mecanismo, las preocupaciones ya no caben.

Inquietarse por nada. En otras palabras, no ser ansioso. Este es un mandamiento. Si nos dejamos hundir en la ansiedad y no intentamos subir para salir de ella, estamos pecando. Dios no hace la vista gorda sólo porque se trate de grandes problemas, sino porque el mandamiento es que no estemos ansiosos por «nada». Pero en caso de que vinieran problemas muy serios, o muchos problemas juntos, hay más instrucciones: «Por nada estéis afanosos, sino sean conocidas vuestras peticiones delante de Dios en toda oración y ruego, con acción de gracias». Cuando presenta sus problemas en oración a Dios, no necesita volver a hacerse cargo de ellos. Por eso el pasaje dice: «con acción de gracias». Cuando sabe que su problema está en manos de Dios y que no necesita preocuparse más... bueno, eso sí que es motivo para estar agradecido.

Cuando Satanás empiece a buscar una rendija en su armadura mental y espiritual por donde volver a filtrar aquella preocupación, imagínese que está tratando con Dios como si Él fuera un abogado. Usted le explicaría su caso a un abogado, le pagaría sus honorarios, luego le diría: «Espere, déjeme hacerme cargo por un momento. Voy a pensar un poco en el asunto y me voy a afligir un poco más, quizás aparezca alguna solución milagrosa». Espero que no.

Una vez que hemos depositado nuestras preocupaciones a los pies del trono de Dios, podemos esperar de Él esa paz que sobrepasa todo entendimiento. No necesitamos esperar que cambien las circunstancias. Podemos disfrutar a plenitud de una paz espiritual y sicológica, no cuando el problema se solucione sino apenas se lo entregamos a Dios. Pero hay mucho más que podemos disfrutar cuando ganamos la victoria sobre la ansiedad.

11 | *Destruido por la ansiedad*

Estaba disertando en una convención de líderes en los Estados Unidos cuando alguien me interrumpió.

—Pastor Ortiz, ¿cómo puede decirnos que no nos preocupemos, cuando los etíopes se mueren de hambre?

—¿Está preocupado por los etíopes? —le pregunté.

—Por supuesto que lo estoy —me respondió.

—Bueno, entonces deje de preocuparse —le dije—. Lo que tiene que hacer es girar un buen cheque y listo. Luego deje de preocuparse.

Dar limosna no es en realidad la respuesta a todas las necesidades. Quizás Dios quiere que usted trabaje en Etiopía. Tal vez desea que escriba cartas a sus representantes en el Congreso para que envíen socorro a los necesitados. O no quiere que piense en los problemas en Etiopía. El solo hecho de que esté consciente de un enorme problema no significa que deba hacer el papel de mesías. Los problemas del mundo son más grandes que su cuenta bancaria y más prolongados que un día suyo. Haga lo que cree que debe hacer y deje de preocuparse.

Ahora bien, este hombre dolido por los etíopes creía que con sólo preocuparse estaba haciendo algo por ellos. Esto nos muestra

una de las trampas de la ansiedad: piensa que hace algo construc-
tivo sólo con preocuparse. No es así. No se engañe con eso.

No olvide que prometí mostrarle la razón principal que hace
innecesaria nuestra ansiedad, que va mucho más allá de nuestros
ceños fruncidos por minúsculas preocupaciones. Esa es la siguiente: *La preocupación nos impide participar en la construcción del
reino de Dios.*

AL MARGEN DE LA COMISIÓN

¡Qué fácil es preocuparse! Cuando nuestro hijo manifestó su
deseo de inscribirse en una costosa universidad cristiana, mi
esposa se llenó de ansiedad.

—No podemos afrontarlo —suspiraba—. ¿Qué vamos a hacer?

—No te aflijas, mi amor; hay muy poco que podamos hacer
realmente —le dije—. Hagamos una lista de lo que sí podemos
hacer. En primer lugar, él no puede ir a esa universidad.

—¡Pero esa es la que desea! —se opuso ella.

—Bueno, entonces vendamos nuestro piano —sugerí.

—No, no podemos hacerlo. Es un regalo costoso que nos
dieron nuestros padres —reaccionó ella de inmediato.

Y así con todo. Nada de lo que sugería parecía practicable y al
parecer sólo le quedaba una opción: la preocupación. Pero la
ansiedad no es una solución, es un callejón sin salida. Entonces
decidí pedir un préstamo al banco.

—¿Pero cómo vamos a devolverlo? —preguntó ella.

—Calla, no te preocupes —le dije.

Obtuvimos el préstamo. Lo pagamos... lo seguimos pagando...
y lo terminamos de pagar. Dios nos dio los medios para devolverlo
y mi hijo asistió a la universidad que había elegido. No pasamos
hambre, ni tuvimos que vestirnos con harapos.

—Tú te preocupaste y yo no —le dije entonces a Marta—, y
sin embargo ambos llegamos al mismo lugar.

La paz reinó en nuestro hogar, en lugar de la ansiedad.

La ansiedad se parece a lo siguiente: Usted se dirige al garaje,
enciende el motor de su automóvil, lo deja en «neutro» y oprime

el pedal del acelerador hasta que el motor se funde. Mucho ruido, mucho gasto de energía, pero no va a ningún lado. Usted termina en peor situación que antes.

La ansiedad nos pone también en «neutro». Nos inutilizamos cuando nuestros motores mental y emocional se aceleran cada vez más y más. Por eso, la ansiedad es una especie de trabajo, un esfuerzo interno. Aun si estuviera acostado en la cama, la preocupación puede llegar a agotarlo. La ciencia ha demostrado que el estrés es una de las causas principales de enfermedad, de modo que también obtenemos una ventaja personal cuando aprendemos a contrarrestar la ansiedad y alcanzamos paz mental.

Lo peor de esta neutralización que produce la ansiedad es que nos aleja de nuestro compromiso en la construcción del reino de Dios. Jesús entendió muy bien esta situación, a pesar de que en su época el tránsito no se congestionaba y nadie había oído jamás acerca de los cursos para «controlar el estrés». Jesús dijo lo siguiente:

Por tanto os digo: No os afanéis por vuestra vida, qué habéis de comer o qué habéis de beber; ni por vuestro cuerpo, qué habéis de vestir. ¿No es la vida más que el alimento, y el cuerpo más que el vestido? Mirad las aves del cielo, que no siembran, ni siegan, ni recogen en graneros; y vuestro Padre celestial las alimenta. ¿No valéis vosotros mucho más que ellas? ¿Y quién de vosotros podrá, por mucho que se afane, añadir a su estatura un codo? Y por el vestido, ¿por qué os afanáis? Considerad los lirios del campo, cómo crecen: no trabajan ni hilan; pero os digo, que ni aun Salomón con toda su gloria se vistió así como uno de ellos. Y si la hierba del campo que hoy es, y mañana se echa en el horno, Dios la viste así, ¿no hará mucho más a vosotros, hombres de poca fe? No os afanéis, pues, diciendo: ¿Qué comeremos, o qué beberemos, o qué vestiremos? Porque los gentiles buscan todas estas cosas; pero vuestro Padre celestial sabe que tenéis necesidad de todas estas cosas. Mas buscad primeramente el reino de Dios y su justicia, y todas estas cosas os serán añadidas. Así que, no os afanéis por el día de mañana, porque el día de mañana traerá su afán. Basta a cada día su propio mal. **Mateo 6.25-34**

Si está harto de que gente como yo le diga: «Deje de preocuparse, deje de afligirse», porque no sabe qué rumbo tomar, reflexione en este pasaje. Jesús dijo que buscáramos primero el reino de Dios y que todos esos otros focos de ansiedad desaparecerían. Lo que estaba diciendo, concretamente, era lo siguiente: «Quiero quitarles la preocupación que llevan dentro, para que puedan concentrarse en el reino de Dios».

Cuando lo consumen sus problemas personales, ¿puede dedicarse a la construcción del reino de Dios? ¿Se interesa por la marcha de la iglesia? Por supuesto que no, y eso es lo que quiere Satanás. Por eso la ansiedad es un grave pecado, porque saca al creyente de la línea de batalla y lo manda al hospital en espera de la visita del doctor. No sólo lo deja fuera de acción, sino que lo pone en situación de drenar los recursos de otros. «Hermano, por favor, ore por mí... Pastor, necesito esto y aquello, vea qué puede hacer por mí...» Usted consume, en lugar de producir.

No digo que no pueda llevar sus problemas a Dios, aun los más pequeños. A Él sí le importa. Escucha todas sus oraciones. Pero cuanto más control tenga sobre su ansiedad, mejor responderá a los tropiezos y dificultades que se presenten en su vida. Aprenderá a entregar algunas cosas a Jesús y olvidarse de ellas, antes de que se transformen en semillas de ansiedad. Descubrirá otras de las que ni siquiera necesita molestarse, una vez que pone su atención en los propósitos más elevados de Dios, de su reino y su justicia. La preocupación obliga a desplazar nuestra atención del reino de Dios hacia nuestros problemas. Aun si se trata de un problema grave, es siempre pequeño comparado con la enorme tarea de extender el reino de los cielos.

CÓMO ARRUINAR LA FIESTA

Aconteció que yendo de camino, entró en una aldea; y una mujer llamada Marta le recibió en su casa. Esta tenía una hermana que se llamaba María, la cual, sentándose a los pies de Jesús, oía su palabra. Pero Marta se preocupaba con muchos quehaceres, y acercándose, dijo: Señor, ¿no te da cuidado que mi hermana me deje servir sola? Dile, pues, que me ayude.

Respondiendo Jesús, le dijo: Marta, Marta, afanada y turbada estás con muchas cosas. Pero sólo una cosa es necesaria; y María ha escogido la buena parte, la cual no le será quitada».

Lucas 10.38-42

¿Quién invitó a Jesús? Marta. Por tanto ella era la responsable de preparar el té o cualquier cosa que decidiera servir. El problema principal no era que estuviera preparando ese servicio, sino que tenía una actitud equivocada al respecto. Esparcía una enorme dosis de ansiedad sobre todo lo que hacía.

Mientras María estaba sentada a los pies de Jesús, puedo imaginar a Marta mascullando: «Miren a María, haraganeando delante de Jesús como si fuera la princesa. No mueve ni un dedo para ayudarme. Ni siquiera mira para acá. ¿Quién tuvo que encender el fuego? Yo. ¿Quién tuvo que llenar la tetera? Yo. ¿Quién cortó el pan? Yo. Y supongo que pretende que sea yo quien lleve todo esto hasta allá. Pues bien, no pienso quedarme callada respecto al trato que me está dando».

Entonces, Marta estalló: «Señor, ¿no te importa que mi hermana me haya dejado sola para atender todo el trabajo?»

¡Sorpresa! A Jesús no le importaba. Marta estaba tratando de meter a Jesús en su propio problema, la ansiedad. Después de todo, ¿realmente necesitaba Marta a María en la cocina? Mi esposa siempre dice que dos en la cocina son demasiado.

La ansiedad suele arruinarle la fiesta a todos. No sólo sucedió que Marta reprochó a quien no debía, sino que trató de manipular a Jesús para que Él le ordenara a María que la ayudara. Cuando nos preocupamos, nos parece que todo el mundo debe suspender sus tareas y prestar atención a nuestras preocupaciones.

Las súplicas de Marta no fueron buenas. Me imagino el silencio de todos los invitados al té después de la explosión de Marta.

No había necesidad de que la reunión terminara así. Marta podría haber pensado, mientras hacía los preparativos: «Qué hermoso que María recibe bendición por mi invitación a Jesús». Si hubiese estado deseosa de escuchar lo que Jesús tenía que decir, los habría hecho pasar a la cocina para participar de la conversación mientras preparaba los alimentos.

Marta optó por lucir las galas de la ansiedad. Quizás le molestó asumir la peor parte del asunto: Mucho trabajo para hacerlo sola. O quizás los preparativos no eran tan llamativos como lo hubiera deseado. Quizás le molestó que María obtuviera más compañerismo, orientación, o cualquier cosa que Jesús tuviera para ofrecer, mientras ella llegaba al final. Pero lo cierto es que se mostró ansiosa y su preocupación arrojó un balde de agua fría sobre la reunión.

ATENDER LA SIEMBRA

Cuando Jesús explicó la parábola del sembrador, dijo: «La que cayó entre espinos, éstos son los que oyen, pero yéndose, son ahogados por los afanes y las riquezas y los placeres de la vida, y no llevan fruto» (Lucas 8.14).

Este mensaje acerca de cómo ganar la paz es como una semilla. Las preocupaciones procurarán ahogarla... y lo lograrán a menos que resistamos activamente y busquemos primero el reino de Dios. La decisión es suya. Si sigue optando por dejar sus aflicciones a Jesús, la semilla de la paz se afianzará y llegará a ser una planta robusta, capaz de resistir las preocupaciones que pretendan ahogarla.

12 | *Correspondencia inútil en el cielo*

¿Alguna vez se ha encontrado traficando con Dios? Por ejemplo, después de orar quince minutos da por sentado (aunque no lo admita ante sí) que Él lo bendecirá. Aumenta a media hora, añade la lectura diaria de un capítulo de la Biblia y puede esperar un buen aumento de sueldo aparte de otras bendiciones. ¡Póngale un ayuno de tanto en tanto y ni hablar de los beneficios que puede esperar!

¿Por qué creemos que la oración es una moneda con la que podemos comprarle cosas a Dios? ¿Es porque pensamos que es un sacrificio, algo que nos cuesta, un trabajo a tiempo parcial, tan molesto que naturalmente esperamos alguna retribución? Bien, si así es como percibe la oración, no lo puedo culpar de tener esas expectativas. Veremos que esa no es la idea que Dios tiene acerca de la oración.

En nuestro enfoque equivocado de la oración hay otro problema subyacente: la idea de que Dios es nuestro siervo.

QUIÉN DA LAS ÓRDENES

Cada padre sabe que una de las grandes diferencias entre los niños y los adultos es que los primeros están continuamente pidiendo, mientras que sus padres están siempre dando. Por consiguiente, un paso clave hacia la madurez es pasar de la actitud que exige a una mentalidad dadora.

Examine su vida de oración. Si está inconscientemente esperando que Dios lo bendiga en proporción a la cantidad de tiempo que pasa en oración o si espera que Dios conteste su oración porque la ha repetido con suficiente frecuencia, su vida de oración quizás consista en obras y méritos. Después de todo, ¿por qué dedicar tiempo de su ocupada vida a enviar telegramas al cielo, a menos que vaya a obtener algo que valga la pena a cambio? Salud, riquezas, armonía familiar... ya sabemos cuáles son los temas básicos de la lista.

No digo que se abstenga de pedirle cosas a Dios. Pero compréndame y verá que hay mucho más en la vida de oración de un cristiano maduro.

La Biblia habla mucho de siervos y señores. En nuestra relación con Dios, ¿quién es el siervo y quién el señor? Decimos que nosotros somos sus siervos... Pero, ¿actuamos de acuerdo a eso? ¿Quién da las órdenes? Reflexione si esto le suena parecido a sus oraciones, o a las de su clase de la Escuela Dominical o grupo de oración.

«Querido Padre, mientras esté de viaje, cuida mi casa para que no entren ladrones».

«Sí, señora», imaginamos que Dios nos contesta.

«Señor, cuida de mí mientras conduzco el coche, para que no me ocurra ningún accidente».

«Sí, señor».

«Padre, mi mamá está en el hospital. Por favor ayuda a los médicos mientras realizan la operación».

«Con mucho gusto».

«Señor, mi hijo está en la universidad. Ayúdalo a obtener buenas calificaciones».

«No hay problemas».

«Señor, mi esposo tiene que encontrar un mejor empleo, porque Tú sabes que necesitamos más dinero».

«Veré qué puedo hacer por eso».

«Jesús, sabes cuánto detesto caminar y ya estoy llegando tarde a la iglesia. Por favor, resérvame un lugar para estacionar cerca de la puerta».

«Pues, claro».

Suena como si el Señor nos hubiera enseñado a orar: «Que se haga mi voluntad en el cielo así como en la tierra». Pero no fue así. Él dijo que oráramos diciendo: «Hágase *tu* voluntad en la tierra, así como se hace en el cielo».

Repito, es cuestión de equilibrio. Es legítimo que hagamos nuestras peticiones a Dios. No hay ley que diga que un señor no puede hacer algo amable por su siervo. Pero nuestra tendencia natural es inclinar la balanza mucho a nuestro favor y convertir a Dios en un Papá Noel que va a contestar mágicamente cada uno de los deseos de nuestra lista. En especial, si hemos estado actuando como niños buenos.

VERDADEROS SIERVOS

Cuando piensa en un «siervo», ¿imagina un reflexivo filósofo o un peón? ¿Un cocinero o alguien muy ocupado en su trabajo? Estar en condición de siervo debiera influir automáticamente en su vida de oración. Si está orando, orando y orando, y sigue esperando, esperando y esperando que Dios haga algo, reflexione. Quizás las palabras fluyan de su boca como el agua de un arroyo en la montaña, pero tal vez hay algo obstruyendo sus oídos espirituales.

«Señor, el hermano José perdió su empleo. Querido Señor, ¡perdió su empleo!»

«¡Vaya, gracias por la noticia!» ¿Es así como Dios responde? No. Él sabía de la situación laboral del hermano José antes de que este se enterara. Dios prefiere que nuestras oraciones sean más bien de este tipo:

«Señor, como sabes, el hermano José perdió su empleo. ¿Qué quieres que haga? Soy tu siervo».

«Ve al supermercado, compra una caja de provisiones y llévasela en mi nombre».

Usted obedece. «Hermano José, en el nombre de Jesús, lo que tengo te doy».

Prediqué esto en Los Ángeles y al día siguiente una mujer dio su testimonio:

«Esta mañana, al revisar mi lista de oración, le dije al Señor: "Tú eres el Señor y yo soy la sierva. Mi primera petición es por una amiga que se mudó a Nueva York. He orado por ella todos los días; ahora, ¿qué quieres que haga?"

»"Llámala", me dijo el Señor.

»"Hola, habla tu amiga de California... No, no pasa nada. Te llamo porque te estaba recordando y porque te quiero. No, ninguna novedad. Sólo quería saber cómo andas. Te llamo porque me interesas..."»

Esta mujer relató que su amiga le había confesado que durante dos semanas había estado deprimida y que pensaba suicidarse. El solo hecho de saber que una amiga tenía suficiente interés en ella como para tomarse el trabajo de llamarla y orar juntas por teléfono, cambió su situación. Preséntese a Dios como siervo y le aseguro que Él le encontrará un par de cosas que hacer.

HUELGA DE HAMBRE

A veces me descubría tratando de negociar con Dios, incluso exigiéndole cosas, especialmente cuando ayunaba. Sentía que el ayuno quitaba todos los obstáculos a mi plegaria; Dios no se negaría a responder. «Señor, aquí está tu promesa», decía. Tú lo has dicho. Ahora debes cumplir».

Por último, Dios terminaba respondiéndome: «Juan Carlos, déjame recordarte las cosas que te he pedido y aún no has cumplido ninguna de ellas».

En muchas oportunidades ayuné durante dos semanas; a veces terminaba en el hospital. Con demasiada frecuencia tomaba el ayuno como una herramienta para negociar por algo que deseaba mucho. Eso no es ayuno: es huelga de hambre. Es como torcer el brazo a alguien para que haga lo que uno quiere.

Ahora he aprendido lo que Dios quería que fuera el ayuno. Combinado con la oración común, el ayuno es *un debilitamiento de nuestra carne para que nuestro espíritu pueda discernir mejor la voluntad de Dios para nosotros*. Tiene el propósito de agudizar el oído del siervo para que la voz del Señor le llegue con claridad cristalina.

¿Alguna vez ha tenido una gripe fuerte o alguna otra enfermedad que lo llevó varios días a la cama? ¿Acaso no resultó ser una bendición espiritual porque tuvo mucho tiempo para pensar, orar y llegar a comprender cosas que hasta entonces no entendía? A veces Dios tiene que permitir que nos enfermemos y estemos en cama porque así es como solamente miramos hacia arriba sin quedarnos dormidos.

Lo mismo ocurre con el ayuno. Es como enfermarse artificialmente, volviéndose tan débil que uno ya no puede correr, no se puede forzar demasiado. Hay que estar quieto y reducir los movimientos al mínimo para no marearse. El ayuno rara vez produce grandes revelaciones, pero puede hacerlo más reflexivo para comenzar a comprenderse mejor a sí mismo y las situaciones en que Dios lo ha colocado. Luego podrá percibir con más certeza la voluntad de Dios.

Claro que hay excepciones. Ester percibió correctamente una revelación de Dios en relación a una amenaza que podía significar el exterminio del pueblo escogido y decretó un ayuno. Ayunó para obtener algo —la liberación— y dio en el blanco. Tal vez usted se encuentre en una situación similar, aunque sea menos importante que la de Ester, y el Espíritu Santo le hace saber que lo adecuado sería ayunar. Obedezca. Pero no haga del ayuno la bomba atómica de la guerra espiritual... la superior, efectiva y arma más poderosa a la que recurrimos cuando queremos que ocurra algo imperiosamente. El ayuno es una disciplina para nuestro oído, no un arma contra otro.

¿QUIÉN ES SU AMOR?

La raíz del problema tiene que ver con las motivaciones. Considere la advertencia de Santiago 4.3-5:

Pedís, y no recibís, porque pedís mal, para gastar en vuestros deleites. ¡Oh almas adúlteras! ¿No sabéis que la amistad del mundo es enemistad con Dios? Cualquiera, pues, que quiera ser amigo del mundo, se constituye enemigo de Dios. ¿O pensáis que la Escritura dice en vano: El Espíritu que Él ha hecho morar en nosotros nos anhela celosamente?

Dios ha puesto en nosotros su Espíritu, pero Él es celoso... celoso del mundo. Dios vino a morar en nosotros para, que desde ahí, poder usar nuestro cuerpo para los propósitos de su reino. De manera que nuestros pies fueran los hermosos pies que lleven las buenas noticias. Que nuestra mente llegara a ser como la de Cristo.

Pero Dios tiene motivos para estar celoso. Coqueteamos mucho con el mundo. No estoy hablando de los grandes pecados como el adulterio y otros más; sino de las pequeñeces del mundo en nuestra ocupación en él.

«Señor, necesito un automóvil nuevo. Ayúdame a comprarlo».

«Dios mío, sabes cuánto necesito una videograbadora. También el pastor tiene una y eso no puede ser malo. Y Tú sabes que la utilizaré para mirar videos de enseñanza cristiana».

Nuestra boca dice «Señor», pero nuestro corazón late al ritmo del mundo. Dios oye con claridad la diferencia y está celoso. Nos consume la pasión de nuestro otro amor y nuestro tiempo y dinero no parecen alargarse lo suficiente para el Señor. Sin embargo, estamos ansiosos de que el Señor llegue a nosotros con una pequeña ayuda. Mientras tanto, Él sigue esperando que volvamos. A veces nuestras oraciones son como el pedido de una mujer a su esposo: «Querido, por favor, dame algo de dinero para gastarlo el fin de semana en un lindo hotel con mi amante».

Eso es de lo que habla Santiago: Pedimos por malos motivos, especialmente para gastar en nuestros placeres. En consecuencia, somos adúlteros: nos hemos alejado de nuestro verdadero primer amor.

Por eso, tantas de nuestras oraciones son lo que denomino correspondencia inservible al cielo. No es que sea ilegal o algo así. Dios podría contestarlas si quisiera, pero sabe —mucho mejor que nosotros— que sus propósitos no serán favorecidos contestando el diluvio de correspondencia inservible que le llega.

Qué diferente es orar diciendo: «Señor, ¿por qué no concedes a alguien de nuestra iglesia el don de ofrendar para que se pueda resolver esta necesidad? Por favor, libera el don de sanidad aquí para que otros puedan ver tu poder y llegar al arrepentimiento».

La mayor satisfacción de un siervo es ver satisfecho a su amo. Podemos hacer peticiones egocéntricas y mundanas todo el día. Y quizás Dios nos conceda algunas. Pero eso no es pedir por motivos correctos y este ejercicio de la oración nunca nos llevará a la madurez.

Jesús dijo que debíamos ser fieles en lo pequeño. Esto incluye la oración. Acérquese a Dios como un siervo, escuche lo que *Él* le pide y sea fiel en lo mundano: lleve provisiones a la familia sin trabajo; bañe a los niños de la hermana María que está enferma en cama; llévele veinte dólares a su vecino que ha tenido un problema tras otro.

En lugar de presentar su lista convencional de oración, que refleja todas sus necesidades, enumere aquellas en las que piensa que Dios puede querer usarlo. Permita que Jesús use sus manos, pies, mente, compasión, billetera, tiempo. Se sorprenderá de la manera en que Dios responde las oraciones cuando uno llega a Él con las motivaciones correctas. Y verá cómo eso lo libera para cumplir los elevados propósitos de Dios.

13 | *Algo más que peticiones*

CUALQUIER PADRE sabe que cuando están reunidos dos o más niños, se puede esperar alguna discusión. Recuerdo aquellas ocasiones especiales en las que servíamos Coca Cola a la mesa cuando vivíamos en Argentina. Todos los ojitos observaban la cantidad que se vertía en cada vaso.

—Papá, ¡le serviste más que a mí!

—Sí, pero yo soy mayor —respondía el aludido.

—Pero la última vez te tocó más que a mí —intervenía después un tercero.

No juzgaba con dureza estas circunstancias. Pero si mi esposa y yo hubiéramos discutido por un centímetro de bebida, otro hubiera sido el cantar.

La diferencia es de madurez. Como mencioné antes, en el proceso de crecimiento pasamos gradualmente de la actitud de pedir a la de dar. Cuando lo aplicamos a los asuntos espirituales, debemos considerar la edad espiritual de la persona. Por eso, no es errado que alguien pida a Dios cosas terrenales para sí mismo. Un cristiano puede estar todavía con Dios en una relación del tipo bebé-papá, aunque su salvación se haya efectuado años antes. Pero el camino normal es que cada uno crezca hacia la madurez.

Lo que ocurre, a medida que maduramos en Cristo, es que podemos combinar algunos de los elementos de la vida cristiana que hemos considerado —el perdón, la paz, la relación fluida con Dios, la actitud de siervo y el autocontrol— para producir una vida mejor y más razonable. La oración se vuelve mucho más efectiva que la repetición mecánica de una lista o la realización frecuente de huelgas de hambre. Veremos que no sólo nuestras oraciones, sino también las acciones que nuestras oraciones nos motivan a encarar, nos abrirán un mundo nuevo por completo.

SENTIDO COMÚN

En una oportunidad, una mujer me pidió consejo acerca de un problema confuso en el que Dios no le respondía.

«Hermano Ortiz, mi esposo me ha dejado con dos niños y se ha ido con otra mujer de la iglesia», me confió. La madre de su ex esposo también estaba involucrada y parecía no había mejor alternativa que pegarle un disparo a la nueva pareja.

La iglesia reunió un grupo de oración de unas doce personas que vinieron a verme junto con la señora. Habían orado durante semanas y la pregunta clave era: ¿Hasta cuándo debían continuar?

Dios no nos fijó límites de tiempo para la oración, pero nos dio un don maravilloso: nuestra mente. Con frecuencia tenemos que usar nuestro sentido común junto con la oración para asegurarnos de no quedar espiritualmente atrapados en un callejón sin salida.

Por consiguiente, le dije a esta mujer:

«Haga una lista de todas las personas implicadas: usted, su ex esposo, sus hijos, su madre, la otra mujer y cualquier otra persona. Luego pregúntele a Dios: "¿Qué debo hacer en relación a mi esposo? ¿Volverá conmigo?"»

Después de todo, Dios es nuestro amigo. ¿Por qué va a querer ocultarnos cosas importantes?

«Si Dios dice que no en cuanto al regreso de su esposo, táchelo de su lista y olvídelo.

»Pregúntele a Dios sobre sus hijos: "¿Qué debo decirles, Señor?"

»En relación a la otra mujer: "Señor, ¿puedo ir a decirle lo que pienso de ella?" Quizás sea posible. Luego, olvídela». Una vez que lo ha hecho, la paz tendría que reemplazar sus preocupaciones.

Si estas mujeres no podían percibir otra cosa que la respuesta que anhelaban al problema de su amiga, hubiera sido como esperar que Dios hiciera todo lo que ella debía hacer, pero estaba postergando. Podemos confundirnos tanto en nuestras expectativas, que no entendemos la provisión de Dios.

Imagine a un hombre que se sube a un techo para escapar de una inundación. Otro hombre llega en un bote y le dice:

—¡Vamos! Lo llevaremos a un lugar seguro.

—No, confío en que el Señor me librará —le dice el hombre desde el techo. Y el agua sigue subiendo...

Luego llega un helicóptero y le deja caer una cuerda. El hombre responde a gritos:

—No, gracias, confío en que el Señor me ayudará.

Una hora más tarde está flotando sobre un tronco, quejándose a Dios en el cielo.

—Confié en ti, Señor, ¿por qué no me salvaste?

—Estoy un poco confundido —responde el Señor—. Te envié un bote y un helicóptero, pero rechazaste mi ayuda.

Dios nos dio un cerebro, entre otras razones, para que pudiéramos tener comunión con Él. Esto significa que espera que la oración sea fluida, una cosa sorprendente. A menos que usemos esa computadora que llevamos sobre los hombros, seguiremos luchando con nuestras oraciones y su aparente futilidad.

CRITERIO PARA ACTUAR

Necesitamos usar el sentido común cuando se trata de saber qué podemos hacer en relación a algo y qué no.

Supongamos que oramos por la salvación de una persona conocida. Es poco probable que Dios utilice una treta para cambiar de la noche a la mañana el corazón de esa persona. Lo que generalmente hace es enviar al menos una persona que le manifieste el amor de Cristo de una manera que abra las puertas para su salvación. Si tiene suficiente preocupación por esa persona como para orar por ella, quizás sea usted quien haga esa amistad. Eso no significa hablar sobre el clima unos minutos y luego declararle las cuatro leyes espirituales. Más bien implica llegar a conocerla, disfrutar algún almuerzo, practicar juntos un deporte y asistir a algún lugar que a ambos les agrade.

Recuerde que usted es el siervo, no Dios. Cuando el Señor lo convoca para realizar algún trabajo, no se oculte detrás de la oración. Si su tarea parece ir directa al fracaso, no se desespere si está siendo fiel al encargo de Dios.

En otra oportunidad, a lo mejor sienta preocupación por la salvación de alguien y necesita examinar su sentido común, descubrirá que no hay mucho que pueda hacer por ella. Uno de mis hijos era, en su juventud, un cristiano superficial. Marta y yo estábamos preocupados. Orábamos en el cuarto de nuestro hijo para reprender cualquier influencia maligna, cosa que no estaba mal. Pero sentimos que Dios quería especialmente que reforzáramos nuestro amor hacia el muchacho.

De manera que un día le dije: «Escucha, no voy a volver a reprenderte porque nuestra relación se deterioraría y siempre estaríamos discutiendo. Tú ya sabes lo que considero correcto e incorrecto. Simplemente seremos amables y cariñosos contigo. Te amamos, aunque no estemos de acuerdo contigo».

Mi esposa también pudo entregar el problema en manos del Señor. Dejó de llorar por la situación. Recibimos paz y el camino espiritual de mi hijo comenzó a mejorar hasta que se convirtió en un cristiano comprometido.

¿ES ESTO LA ORACIÓN?

Hemos hablado sobre madurar en la oración, de manera que vamos a estudiar ejemplos que hay en el Nuevo Testamento. Seguramente se sorprenderá: algunos no parecen oraciones. Tal vez, en un sentido, no lo sean. Pero son expresiones que obtuvieron el tipo de resultado que harían que la mayoría de nosotros saltáramos de alegría, aunque sólo obtuviéramos respuesta en el cinco por ciento de nuestras oraciones.

«Mas Pedro dijo: No tengo plata ni oro, pero lo que tengo te doy; en el nombre de Jesucristo de Nazaret, levántate y anda. Y tomándole por la mano derecha le levantó; y al momento se le afirmaron los pies y tobillos» (Hechos 3.6-7).

¿Oraba Pedro? ¿Acaso dijo: «Padre celestial, venimos a tu presencia para pedirte sanidad para este pobre enfermo... ¡Extiende tu mano!»? Si lo que *nosotros* practicamos como oración es verdadera oración, Pedro no estaba orando, estaba alardeando. Después de todo, mencionó a Jesús pero no le pidió ni a Él ni al Padre que hicieran algo. Tal vez la oración de Pedro era una expresión de fe y nuestras oraciones típicas son manifestación de duda.

Pedro recordaba lo que nosotros parecemos olvidar: que Dios vive en nosotros. Por eso podía proclamar con confianza: «Lo que tengo te doy». Algo tenía. Y estaba ansioso por usarlo.

Más adelante, Pedro actuó de nuevo con similar autoridad. En Hechos 5, los miembros de la iglesia vendían sus propiedades y entregaban lo obtenido a los pies de los apóstoles, como ofrenda al Señor. Ananías vendió su casa, pero al parecer lo hizo presionado porque todos lo hacían. Se presentó con el producto de la venta de su propiedad, simulando que lo entregaba todo.

Me imagino que Pedro vio al comienzo la gran ofrenda y dijo:

—¡Aleluya! Alabado sea el Señor por esta buena suma de dinero.

Luego el Señor le habló a Pedro.

—No te alegres. Este hombre es un impostor.

—¿Qué quieres decir, Señor?

—Te dirá que vendió la casa por 50.000 siclos, pero en realidad fue por 100.000. Quiero que caiga muerto en cuanto diga la mentira.

—Señor, seguramente quieres enseñar una lección a toda la iglesia.

Y eso fue lo que ocurrió. Mintió y murió al instante. No hizo falta la lección bíblica del domingo por la noche.

Cuando apareció la esposa de Ananías, Safira, Pedro la confrontó con el ardid de ambos. «Y Pedro le dijo: ¿Por qué convinisteis en tentar al Espíritu del Señor? He aquí a la puerta los pies de los que han sepultado a tu marido, y te sacarán a ti» (Hechos 5.9). Y murió, tal como Pedro lo había anunciado.

Pedro no oró: «Señor, ¡mátala!» Ni adoptó una postura de religiosidad para decir: «En el santo nombre de Jesús, Señor, separa el cuerpo y el espíritu de esta mujer».

Rotundamente pronunció una sentencia de muerte. Ni siquiera incluyó «en el nombre de Jesús». ¿Fue una oración? No importa cómo se le llame, pero esto mostró a un hombre atento a la voz de Dios que luego habló y actuó de acuerdo a lo que oyó. Nunca se hubiera detenido el crecimiento del reino de Dios si su pueblo hubiera estado a tono y obediente a Su voz como lo fue Pedro en esa oportunidad.

En Hechos 9 Pedro actuó de nuevo con audacia. Eneas había estado en cama paralítico ocho años. «Y le dijo Pedro: Eneas, Jesucristo te sana; levántate, y haz tu cama. Y en seguida se levantó» (Hechos 9.34). Lo que no se registra generalmente en las Escrituras es el diálogo interior que supongo ocurría antes de esos milagros. Quizás el Espíritu Santo le dijo a Pedro que sanara a Eneas.

Actuando en base a esos tipos de conversaciones, Pedro y su grupo tuvieron un buen promedio de éxito. Expresaban oraciones de fe. «Es, pues, la fe la certeza de lo que se espera, la convicción de lo que no se ve» (Hebreos 11.1). De modo que una oración de fe es algo de lo que estamos totalmente seguros. Esa seguridad, esa convicción, tiene que venir del Espíritu.

LA RESURRECCIÓN DE LOS MUERTOS

Si vamos al final de Hechos 9, veremos a Pedro que ya llegaba alto al participar en grandes milagros: resucitar muertos. Tabita, también llamada Dorcas, una mujer piadosa, había muerto. La Biblia no da muchos detalles de cómo ocurrió el milagro. Tal vez los deudos sencillamente pidieron a Pedro que la resucitara y lo hizo. Creo que Pedro experimentó algo como esto:

—Pedro, levántala —le dijo el Señor.

—¡Pero Señor, está muerta! ¡Realmente muerta!

—Quiero resucitarla y mostrar mi poder.

—Pero la toqué y está fría —objetó Pedro—. Quiero decir que no está en las últimas ni a punto de morir. Está realmente muerta. Esto es mucho más que sanar enfermos.

—Está bien —le respondió el Señor—. Haré mi parte. Tú haz la tuya.

—Bueno, así sí.

De modo que Pedro —y esto ya no es producto de mi imaginación— «sacando a todos» de la habitación «se puso de rodillas y oró» (Hechos 9.40). No lo culpo por no querer tener público. Entonces, sólo estaban Pedro, el Señor y un cuerpo tieso y frío.

—Bueno, Señor, ahora que he enviado afuera a esta gente, estarán esperando ver algo asombroso cuando abra la puerta. No me conviertas en un hazmerreír.

—Sí, Pedro. Te dije que la resucitaras y era en serio.

Finalmente Pedro dijo: «¡Tabita, levántate» (9.40) y ella lo hizo.

Lo que no está exactamente descifrado en la Biblia es que Pedro, Pablo y los demás discípulos no sanaban a cada enfermo donde iban. Ni Jesús lo hizo y él sabía que no lo pretendió. Recuerde que Jesús dijo que no podía realizar más milagros porque le faltaba fe a la gente. Esto porque Él estaba totalmente sometido a su Padre y la intención del Padre no era extender un manto de sanidad sobre el mundo entero.

NO INTENTE DAR LO QUE NO TIENE

Resucitar a alguien es algo espectacular y no aparece muchas veces en la Biblia. Sin embargo, está allí y Jesús prometió que haríamos cosas más grandes que Él. Entonces, ¿por qué no se ve con más frecuencia este fenómeno?

En una oportunidad, estuve en el funeral de un muchachito que había fallecido en un accidente, lo que hacía el momento particularmente doloroso. Los padres estaban sumamente conmovidos. Yo era un pastor joven y no estaba muy seguro de lo que podía ni debía hacer. De modo que cuando nadie observaba me acerqué al cuerpo y dije: «En el nombre de Jesús, ¡levántate!» Nada. Dije:

«Señor, ¿por qué? ¿Por qué no puede vivir? No es justo. ¿Qué puedo decirles a los padres?»

Por mi parte, dejé a un lado el asunto. Media hora más tarde, todavía en el funeral, el Señor parecía preguntarme:

—Juan Carlos, ¿quieres saber por qué no pudiste resucitar a ese muchacho?

—¿Por qué?

—Porque no te he dado ese don. Pero sé que tienes dinero en la billetera que podría ayudar a esta familia con los gastos del funeral. Da lo que tienes y no intentes dar lo que no tienes.

De manera que me acerqué al padre y le dije:

—Hermano, lo que tengo te doy. En el nombre de Jesús, toma este dinero. Y fue de ayuda.

Recuerde las palabras de Pedro al cojo: «Lo que tengo te doy». Todos los cristianos tenemos a Jesús, pero aparte de eso no todos tenemos los mismos dones materiales o espirituales. Dios nos equipa de forma diferente. Esto se aplica no sólo a resucitar a los muertos, sino a cualquier situación de necesidad.

Por eso lo estimulo a que pida a Dios lo que quiera, pero no limite la oración a pedir. Tenemos un Dios comunicativo, que desea tener comunión permanente con nosotros —mediante la alabanza, la adoración, la acción de gracias— y todas estas cosas integran el dar y recibir en la oración. Maduraremos en nuestra vida de oración sólo si cultivamos nuestra relación con el Dios que mora en nosotros. En el próximo capítulo aprenderemos más de lo que significa tener esa nueva vida interior.

14 ¿Vida o leyes?

Supongamos que estoy orando y el Espíritu Santo me dice que coma una naranja. ¡Aleluya! ¡El Espíritu me ha guiado! De modo que como la naranja. En mi cuaderno de oraciones anoto: «Dios quiere que coma naranjas. Debo tener siempre naranjas a mano para cumplir la voluntad de Dios». En mi espíritu tengo una sensación de plenitud por haber escuchado la voz de Dios y haberlo obedecido. Todo anda bien.

Al día siguiente, mi espíritu está menos dispuesto a ponerse a tono con el Espíritu de Dios. ¿Por qué habría de preocuparme? Ya tengo una constitución para mi nueva denominación: La Iglesia de la Naranja.

Pero Dios es persistente. «Juan Carlos, come una manzana».

¿Una manzana? Esa voz debe ser satánica. Sé que la clara revelación de Dios, probada por la experiencia, es que las naranjas son sagradas. Y así comienza la separación entre mi bien intencionada vida cristiana y los propósitos de Dios.

Por extraña que sea, ¿le resulta familiar esa anécdota? Seguramente. Esta tendencia a institucionalizar lo nuevo, lo espontáneo, lo fresco, es propio de la naturaleza humana. Ocurre no sólo en las iglesias, sino en toda la sociedad. Se puede ver en clubes, asociaciones y movimientos de todo tipo.

La institucionalización no es tan mala. Pero lo que debería preocuparnos es que Dios quiere que pongamos el interés no en cosas de la naturaleza humana, sino del Espíritu. Hemos visto que Dios mora en nosotros, su Espíritu se mezcla con el nuestro y esto debería influir en cómo oramos y actuamos. Esa nueva vida está siempre ahí, no sólo durante la adoración, la comunión o la oración, sino siempre. Lo que quiero plantear en los próximos capítulos es el crecimiento de esa vida, o lo que es más típico, las cosas que lo impiden. La semilla que Dios ha puesto en nosotros debería estar constantemente madurando, transformando la iglesia a medida que nos cambia a nosotros.

¿ESTÁ PREPARADO?

He escrito antes acerca del problema de la inmadurez espiritual. La iglesia ha sufrido demasiado porque muchos «bebés» en Cristo no han crecido, no han sentido el desafío a avanzar hacia la madurez en Cristo. Quiero revisar este tema a la luz del principio de que Dios está más cerca de lo que pensamos. En efecto, su vida está en nosotros. Pero, ¿es esa *vida* la que nos motiva o nos impulsa a alguna otra cosa?

Repasemos 1 Corintios 3.1-3:

De manera que yo, hermanos, no pude hablaros como a espirituales, sino como a carnales, como a niños en Cristo. Os di a beber leche, y no vianda; porque aún no erais capaces, ni sois capaces todavía, porque aún sois carnales; pues habiendo entre vosotros celos, contiendas y disensiones, ¿no sois carnales, y andáis como hombres?

¡Qué pena! Pablo no podía dirigirse a la iglesia como a personas espirituales porque seguían en el nivel de la carne. No habían madurado. Tendrían que perderse las verdades más profundas simplemente por no poder asimilarlas.

¿Podría ocurrir lo mismo en las iglesias de hoy? Aunque nuestro pastor tenga muchos títulos y hable con elocuencia no significa que estemos recibiendo comida espiritual sustanciosa en lugar de leche. Aunque seamos graduados universitarios y podamos entender todo lo que dice el pastor, no significa que estemos masticando carne espiritual. El hecho de haber estado veinte años en la iglesia no garantiza nuestra madurez.

Dios, en su amor, actúa como Pablo. Sencillamente no nos revela más de lo que podemos asimilar. Una mesa pequeña puede soportar un vaso de agua, o un jarrón de flores, pero si le colocamos un automóvil encima, se hará pedazos.

Piense en los dones espirituales más visibles. Dios puede distribuirlos dondequiera, pero es sabio al ser selectivo. Un rifle se utiliza para cazar, pero un padre sabio no permite que un niño juegue con un rifle de verdad. Imagínese si muchos en la iglesia de hoy tuvieran el don que Pablo demostró con Elimas el brujo, de volver ciega a la gente, cada denominación cegaría a las demás en el nombre de Jesús. Pronto, toda la iglesia andaría tropezando, mientras el resto del mundo andaría silbando tranquilamente.

Por eso Dios es lento para revelar más acerca de sí mismo. Cada vez que lo hace, hay un riesgo —tal vez debería decir una probabilidad— de división. Estudie la historia de la Iglesia y verá que cada vez que hubo una nueva luz, surgió un problema. La causa básica del divisionismo es la inmadurez de gran parte de la Iglesia.

LA RESISTENCIA AL CAMBIO

¿Qué es exactamente la inmadurez? Es algo o alguien que no ha cambiado con el tiempo. La inmadurez refleja una resistencia al cambio. Cuando las Escrituras hablan de un corazón duro, se refiere de *personas rígidas*, opuestas al cambio interno.

Después de visitar Estados Unidos y ver las bandejas para recolectar la ofrenda que usaban las iglesias, propuse la idea en mi congregación en Argentina. Habíamos estado usando unas bolsas grandes sujetadas pobremente con alambre a unos viejos palos de escoba. Nuestros diáconos daban la impresión de estar cazando mariposas cuando llevaban esas bolsas. Nuestra iglesia se había vuelto un poco más sofisticada y pensé que sería adecuado un cambio en ese sentido.

¡Pero no! «Pastor, usted sabe que el fundador de la iglesia hizo esas bolsas», dijeron los diáconos. Discutimos y discutimos, pero no pudimos cambiar las cosas.

Era como si hubiera una «Ley sobre Equipo de Colecta», algún intrincado versículo de Deuteronomio que aseguraba que caería fuego del cielo sobre aquellos que se atrevieran a sustituir con otra cosa las bolsas del diezmo. Este es el fondo del problema: ¿Es que la iglesia es sólo una *institución* gobernada por leyes, constituciones y decretos? ¿O es también un *organismo* que se rige por la vida? Veamos las diferencias.

Cuando se forma una institución, se redacta algún tipo de carta o constitución. El estatuto declara lo que el grupo piensa y hace, cómo se gobernará y demás. No se deja nada al azar. Si algo queda afuera, se le agrega una enmienda. No digo que eso esté mal. Da resultados para los gobiernos y cualquier otra institución. Hasta cierto punto, también da resultados a las iglesias, pero también trae aparejados problemas.

Es probable que, en nuestras respectivas denominaciones, no seamos receptivos a ciertas enseñanzas porque estas no caben dentro del molde del grupo. Todo se ha pensado. Todo lo referente a la verdad de Dios ya está establecido. Incluso si usted, un miembro fiel, cree que ha recibido alguna luz o algo nuevo que podría beneficiar a sus hermanos, puede que no se le permita plantear lo que Dios le ha mostrado. Tal vez usted cree que sigue flexible a Dios, pero debajo de la piel sus arterias han comenzado a endurecerse.

En esos casos han ocurrido dos cosas muy similares. Ambas involucran los oídos, es decir, los oídos del corazón. Una es que como miembros de una institución tendemos a volvernos *sordos,* lo cual examinaremos en el próximo capítulo. La otra es que nos volvemos perezosos para escuchar. Cuando pensamos que ya tenemos toda la verdad esencial, ¿por qué escuchar algo nuevo? Para nosotros un buen sermón es sencillamente la forma más entretenida y menos desafiante de presentar la antigua verdad.

No les digo que abandonen su denominación; yo mismo pertenezco a una. Pero hay ciertos escollos de los que hay que estar consciente. Nuestras denominaciones tienden a mirar por sobre el hombro y menear la cabeza. Los pentecostales miran a los pres- biterianos y piensan: «No están llenos del Espíritu». Los presbi- terianos piensan de los pentecostales: «Pobre gente, tienen una teología superficial». Y así todos. Este tipo de actitud es un gran estorbo para el crecimiento. Las personas con ese esquema mental no pueden aprender.

Consideremos 1 Corintios 8.1-2: «El conocimiento envanece, pero el amor edifica. Y si alguno se imagina que sabe algo, aún no sabe nada como debe saberlo». Esta humildad es fundamental para el crecimiento. Más aún, sin la misma tendemos a ofender a nuestros hermanos en Cristo. Piense en el término «evangelio total». Si lo usamos como nombre de una iglesia o de un ministerio, ¿significa que pensamos que tenemos toda la verdad y que los demás tienen sólo parte de ella? Espero que no. Pero, sin duda alguna, suena a eso.

En una ocasión me invitaron a la Convención Metodista Unida en California. Se tomaron el trabajo de decirme que eran liberales y trataron de ayudarme a corregir mi lenguaje. Me dijeron que no usara genéricamente la expresión «hombre» sino «la humanidad», que no dijera «Él» o «Padre» para referirme a Dios, sino Padre o Madre, él o ella.

Podría usted decir que soy liberal en el sentido de que soy receptivo a los cambios de Dios, pero esos planteamientos violen- taban mi sensibilidad. No obstante, descubrí que eran bellísimas personas y aprendí mucho de ellas.

En un grupo de oración se nos dio, a seis o siete de nosotros, el tema del sufrimiento para que lo analizáramos a partir del libro de Job. Como todos hablaban del sufrimiento general en el mundo, cuando me llegó el turno, cambié el enfoque.

—Creo que Satanás provoca la mayor parte del sufrimiento —les dije.

—Usted se refiere sin duda a una fuerza negativa —señaló un pastor.

Recordé que estaba tratando con liberales y evidentemente este pastor no creía en Satanás. Otro pastor vino a mi rescate y se dirigió al escéptico diciendo:

—Hermano, siempre pensé como usted, que Satanás no existe, pero hace dos años una mujer de mi congregación vino corriendo a mi oficina, diciendo: «¡Por favor, pastor, venga! Mi hija está poseída por demonios. Venga a orar por ella». De modo que fui a mi estudio, tomé un antiguo libro episcopal sobre el exorcismo, fui donde estaba la niña, la exorcicé y fue liberada. Desde ese día creo que Satanás existe y sigo expulsando demonios.

¿Sabe lo que respondió el hombre escéptico?

—Bueno, una teoría es buena hasta que se demuestra lo contrario. Creo que debo revisar mi teoría sobre Satanás.

Era un hombre muy abierto, no tenía pereza para escuchar algo nuevo de Dios en boca de otras personas. Pensé: «¡Qué extraordinario! Estos liberales son un lindo grupo para compartir, sembrar semillas y aprender de ellos».

¿Sabe lo que ocurriría si asistiera a una reunión de corte fundamentalista y dijera algo nuevo y diferente a lo que las personas creen? A lo mejor me arrojan fuera. No se permite ninguna revisión de la teoría. Liberales como aquellos que conocí, son, en algún sentido, más abiertos que cristianos conservadores que están seguros de ser los dueños de la doctrina correcta. Existe ese peligro cuando la iglesia trabaja sólo como institución: *Inconsciente dejamos de ver aquello que el sistema de nuestra iglesia no quiere que veamos.*

Esto solo ya es un problema en sí. Pero veamos que hay aún más asuntos que atentan contra nuestro sistema auditivo espiritual. Con tal que Satanás tenga éxito allí, no se preocupará porque la nueva vida de Cristo en cada uno de nosotros nunca pasará de la niñez.

15 ¿Nos habremos vuelto medio sordos?

Íntimamente relacionado con el problema de la poca disposición para escuchar encontramos que algunas personas, que se sienten cómodas en una denominación, tienden a volverse *sordas*. ¿Qué les endurece el oído? El tradicionalismo.

Este problema no tardó en hacerse evidente en la iglesia. Es una ventaja que se haya planteado pronto porque era mucho lo que estaba en juego.

Pedro y los demás discípulos eran judíos de pies a cabeza. Circuncidados, bien versados en la ley, seguros de ser los mejores, los elegidos, el pueblo de Dios para la eternidad.

Lo que no sabían era que estaban equivocados.

A pesar de todo su conocimiento y de haber estado íntimamente con Jesús, no comprendían a plenitud lo que Él había hecho.

Sabemos que en algunas cosas Jesús fue muy claro. «Por tanto, id, y haced discípulos a todas las naciones», dijo en Mateo 28.19. «Me seréis testigos[...] hasta lo último de la tierra» (Hechos 1.8). No tengo ninguna duda de que Jesús dijo también muchas otras cosas para dejar bien en claro su intención en cuanto a la universalidad del evangelio.

¿Tenían los discípulos la intención de predicar a los gentiles cuando Jesús se fue? No. Sin embargo Pedro, Santiago, Juan y el resto, eran de los que ocupaban la primera fila cuando Jesús daba las instrucciones. A lo mejor fueron los primeros en decir: «¡Amén! ¡Predicaremos! ¡Lo aceptamos, Señor!»

Cuando Jesús relató las parábolas acerca de la dureza para oír, quizás los discípulos las tomaron de la misma manera que los cristianos de hoy tienden a tomarlas: «Sí, es cierto... Otros tienen los oídos endurecidos en cuanto a las cuestiones espirituales. Gracias a Dios que nosotros hemos sido iluminados».

Y así salieron, después de la ascensión de Jesús, predicando a sus compatriotas del pueblo elegido, sanando y teniendo éxito. Pero su misión no la cumplían como Dios quería. Dios se cansó de su sordera, una sordera que se debía a siglos de tradición y soberbia judías.

AYUDA DE LO ALTO

Por consiguiente, Dios decidió mandar un ángel a Cornelio, un gentil. El ángel le instruyó que enviara soldados en busca de Pedro. Mientras tanto Pedro estaba experimentando un extraño sueño del Señor. De repente apareció una sábana sobre la cual había reptiles y pájaros y otros animales que a los judíos se les había prohibido comer. Una voz le indicó a Pedro que los matara y comiera. La voz de la tradición, tan profundamente arraigada en Pedro, se resistía diciendo: «¡No, Señor! Sabes que no hacemos las cosas así en nuestra denominación». Tres veces le mostró Dios a Pedro la sábana con animales, pero la tradición tenía a Pedro atado tan fuerte que no podía recibir nada nuevo.

Dios le advirtió luego a Pedro que vendrían los hombres de Cornelio, creo que Dios no quería correr riesgos con la tenaz terquedad de Pedro, y le indicó que fuera con ellos. Llegaron los soldados e informaron a Pedro que un ángel había indicado a Cornelio que iba a recibir un mensaje suyo.

Pedro debe haber comprendido que Dios estaba obrando allí. Primero, tuvo la misma visión tres veces seguidas. Luego los mensajeros hablaron de una visión celestial que coincidía con lo que Pedro estaba experimentando. Pedro fue a casa de Cornelio y admitió: «A mí me ha mostrado Dios que a ningún hombre llame común o inmundo» (Hechos 10.28), aunque simplemente explicaba que él, un judío consagrado, estaba dispuesto a quebrantar la prohibición de poner siquiera un pie en la casa de un gentil.

Lo que Pedro dijo después resulta sorprendente, tratándose del hombre que con tanta temeridad habló en nombre de Jesús y que se lanzó a caminar sobre el agua cuando nadie más lo hubiera hecho: «¿Por qué causa me habéis hecho venir?» (Hechos 10.29).

Si tuviera una visión que parece impulsarlo a derribar barreras y luego un vecino al que no conoce bien viene a su puerta diciéndole que un ángel le ha dicho que usted tiene un mensaje divino para él, ¿dudaría que se trata de una oportunidad concreta para testificar?

Sin embargo, Pedro no podía aún llegar a esa conclusión. Fue necesaria una extraordinaria secuencia de sucesos antes de que la luz se abriera paso en su mente. Por último, pudo reconocer que «Dios no hace acepción de personas, sino que en toda nación se agrada del que le teme y hace justicia» (Hechos 10.34-35).

Aun en este momento creo que todavía no pensaba bautizar a estos gentiles. Me imagino a Dios Padre y al Hijo en el cielo diciendo: «Mira al viejo Pedro. Ya va de nuevo a echarlo todo a perder: les da el mensaje del evangelio y se marcha, dejando a cada uno con su culpa. Mejor aclaramos más las cosas».

Mientras Pedro aún hablaba, el Espíritu Santo descendió. Todos los creyentes judíos se quedaron pasmados al ver que estos gentiles hablaban en lenguas, alababan al Señor y se gozaban de una bulliciosa reunión llenos del Espíritu Santo (Hechos 10.44-46).

Apuesto a que Pedro se llevó a sus seguidores hacia otra habitación para tener una improvisada reunión de equipo.

—¿Qué hacemos? —preguntó.

—¿Debemos bautizarlos, o qué? —dijo otro.

—Podríamos, pero, ¿qué dirían los hermanos de Jerusalén? —expresó un tercero.

Para entonces, los ángeles de Dios ya le gritaban a Pedro: «¡Bautízalos! ¡Bautízalos!»

—Creo que Dios quiere que los bauticemos —declaró Pedro. Y así lo hicieron.

AFERRADOS A LA TRADICIÓN

Dios finalmente logró hacer llegar su mensaje, a pesar del querido Pedro. No debemos juzgarlo con demasiada dureza; él no podía, sin la ayuda de Dios, despojarse de siglos de tradiciones judías. No era Pedro el único que tenía problemas. Cuando volvió a Jerusalén, tuvo que convencer a los ancianos de lo mismo, apelando a todos sus recursos de elocuencia.

La tradición no siempre es mala. Pero el tradicionalismo es tan poderoso que a veces endurece nuestra habilidad de escuchar a Dios y su Palabra escrita. Aprovechando nuestro deseo carnal de familiaridad, comodidad y eliminación de sorpresas desagradables, el tradicionalismo puede resultar un arma fundamental para Satanás. Muchos cristianos preferirían renunciar a la Biblia antes que a sus tradiciones.

Por eso Jesús no tuvo palabras agradables para describir la tradición humana rígida. Cuando los fariseos comenzaron a aguijonearlo porque sus discípulos no se lavaban las manos antes de comer el pan, casi se podría sentir cómo le hervía la sangre a Jesús cuando les respondía: «¿Por qué también vosotros quebrantáis el mandamiento de Dios por vuestra tradición?» (Mateo 15.3). Luego puso el ejemplo de cómo los fariseos cerraban los ojos a las necesidades materiales de sus padres, dando dinero para usos religiosos, pero violando al mismo tiempo el mandamiento de honrar a los padres.

LA IGLESIA MOLDEABLE

Las tradiciones humanas prosperan en una institución porque esta por lo general no cambia. Quizás tenga un nuevo edificio o nuevos líderes, a lo mejor crece o disminuye en número, pero sigue siendo la misma.

Un organismo es más complejo. Cambia de manera sustancial, pero en cierto sentido, no cambia. Por eso la iglesia tendría que ser más un organismo que una institución. La iglesia está constituida por personas, personas que han muerto a su vida de carne y sangre y que se transforman a la vida de Cristo. En un sentido, la iglesia no debe cambiar porque Cristo es el mismo ayer, hoy y siempre. El Padre, el Hijo y el Espíritu son eternos. Su naturaleza es eterna. Sus principios son eternos. La Palabra revelada de Dios tiene aplicación eterna.

Por otra parte, la Iglesia —como un verdadero organismo— debe cambiar. Consideremos, por ejemplo, cómo una familia crece y madura. Al comienzo, mis hijos se preocupaban sólo por cosas infantiles. Ahora son adultos y tienen sus responsabilidades de adultos, atienden a sus familias y hogares, se ganan la vida y todo lo demás.

Cada uno sigue siendo un ser humano. Cada uno sigue siendo un vástago del matrimonio Ortiz. Cada uno conserva rasgos de personalidad, convicciones y facciones característicos que ya tenían durante la niñez. Sin embargo, son notablemente diferentes a esos pequeñines intranquilos y gritones que una vez conocí. Han cambiado. Por fortuna, ninguna tradición humana es lo bastante fuerte como para bloquear el cambio en un verdadero organismo.

¿QUIÉN GOBIERNA?

Otra diferencia entre las instituciones y los organismos radica en quién los gobierna.

La vida interior gobierna a un organismo. Los organismos, cuando jóvenes, desarrollan como parte de un proceso de crecimiento. Hay un empuje continuo, una expansión. Un código genético determina los cambios por los que pasará un organismo y sólo la muerte o una enfermedad grave podrían impedir su curso.

Las leyes gobiernan a una institución. En muchas instituciones de iglesia la norma determina que si se cree en la resurrección, la Segunda Venida y cualquier otra doctrina que se enfatiza, y si uno no fuma, no bebe, no va al cine o cualquier otra cosa de la lista mala, uno anda muy bien. Si diezma, asiste a las reuniones y trabaja en la iglesia, estará más que bien. Con miembros así, las instituciones sencillamente flotan, ajenas al movimiento que las rodea, a menos que este venga desde adentro y se vuelva imposible de controlar.

Pero Dios sigue impulsando la renovación. Incluso en las iglesias pentecostales y en otras donde los líderes enfatizan la apertura a los movimientos del Espíritu, se filtra suficiente rigidez como para que la resistencia se convierta en un problema. Desafortunadamente, el efecto secundario cuando Dios pone en marcha un movimiento de éxito, es que algunas personas quedan mareadas y confusas y a veces se amargan en el proceso.

No quiero parecer negativo respecto al denominacionalismo. Pero como todos deseamos intensamente encontrar un lugar donde podamos colgar nuestra mente en una percha y mantener en férreo control nuestro cuerpo, alma y espíritu, las denominaciones, por consiguiente, corren el riesgo de estancarse.

Si le parece que deliro, piense en Jesús. ¿Con quiénes pasó la mayor parte de su tiempo? Con pecadores, prostitutas, publicanos: los que estaban fuera de la ley. Ellos no pretendían ser justos, ni se sentían dueños de la verdad.

Jesús nunca les dijo a los gentiles que eran hipócritas, pero es cierto que sí adjudicó ese calificativo a los fariseos, que son el equivalente de los asistentes que no faltan en la iglesia de hoy. Los llamó generación de víboras y sepulcros blanqueados. Su condena a los fariseos se basaba en que ellos reverenciaban la ley a expensas de todo lo demás.

Por supuesto, la mayoría de nosotros pertenecemos a iglesias tradicionales y denominacionales. Y eso es bueno. Pero debemos estar alertas: Quizás no seamos de los que se adhieren estrictamente a las reglas de dieta sabática y demás detalles de la Ley, pero eso no significa que estamos a salvo de esa santurronería soberbia que caracteriza a una religión institucionalizada.

MOVIMIENTO PERPETUO

Un jugador profesional de béisbol puede lanzar la pelota a una velocidad de ciento cincuenta kilómetros por hora. Pero ni el lanzador más veloz puede hacer que la pelota siga viajando indefinidamente. Apenas sale de su mano, entra en fricción con el aire y comienza a disminuir la velocidad. La gravedad comienza a atraerla hacia la tierra.

La iglesia se ha parecido demasiado a una pelota lanzada. Apenas recibe un esplendoroso estallido de energía de parte del Espíritu Santo, comienza a disiparla. Pronto el roce y la fuerza de gravedad de quienes aman la ley, comienza a socavar el impulso de lo que ha iniciado el Espíritu Santo. Por eso Pablo reprendió a los gálatas: «¿Tan necios sois? ¿Habiendo comenzado por el Espíritu, ahora vais a acabar por la carne?» (Gálatas 3.3).

Los organismos físicos crecen y cambian continuamente, pero siempre terminan en la muerte. La iglesia, que fue creada como un organismo espiritual, debe crecer y cambiar indefinidamente. Debe ser la figura material de esa vida interior que va madurando en cada creyente. Si usted y aquellos con los que marcha en la fe hablan con Dios en oración y buscan con fidelidad su voluntad, debe haber evidencia de ello en su iglesia o denominación. La amistad colectiva con Dios debe cambiar y madurar a medida que pase el tiempo. Veamos más de cerca en qué consiste esta evidencia.

16 | Los hijos espirituales

Recuerdo que en la escuela secundaria hacíamos disecciones de ranas. Si el mejor cirujano del mundo hubiera pretendido rearmar esas ranas después que desparramábamos sus entrañas por la mesa, hubiera agitado la cabeza de desesperación.

Hoy la iglesia se especializa en diseccionar la Biblia. Fragmentamos los versículos el domingo por la mañana, dos veces por lo general: en la Escuela Dominical y en el culto principal. Algunas congregaciones lo reiteran el domingo por la noche y una u otra vez durante la semana. Grupos pequeños se reúnen para realizar estudios bíblicos y practicar la disección como pasatiempo.

¿Cuál es el resultado? Nuestras Biblias están llenas de cicatrices quirúrgicas que toman la forma de subrayados a lápiz y bolígrafo. Nuestra cabeza está llena de esos versículos seccionados y de comentarios acerca de los mismos. Pero, en muchísimas comunidades, la obra de Cristo, que es la aplicación de esos versículos, queda sin efectuar.

Este es otro obstáculo para el crecimiento espiritual: *Escuchar sin actuar*. Antes de terminar este capítulo, examinaremos un obstáculo más: *la falta de hijos espirituales*.

HAY QUE DEJAR EL ANDADOR

Cuando era bebé, me ponían en un andador. Había superado la etapa del gateo, pero aun así eso no era caminar. Mi madre me podría haber dejado en el andador durante años, explicándome cómo balancearme para caminar sin su ayuda cuando me sacara del mismo. Pero no importa cuánto me hubiera hablado, cuando ese día llegara, seguiría sin saber caminar. Las palabras son buenas, pero no van muy lejos.

En la iglesia actual escuchamos más de lo que necesitamos. Hemos escuchado todos los clichés: «Practica lo que predicas» y «Haz lo que dices», pero de alguna manera las ocasiones para practicar y hacer son muy raras.

Pregúntele el próximo jueves a alguien qué se predicó el domingo y le llevará varios segundos recordar, si es que llega a recordarlo. Hasta la esposa del pastor generalmente lo olvida. ¿Y qué del otro domingo? ¿Y del último domingo del mes pasado?

Tantos sermones y tan poco tiempo para aplicar.

¿A quién engañamos? Jesús nunca dijo: «Cualquiera que escuche mis palabras, compre los casetes, tome muchas notas y memorice el versículo principal, será un hombre sabio». Lo que dijo es: «Cualquiera, pues, que me oye estas palabras, y las hace, le compararé a un hombre prudente, que edificó su casa sobre la roca» (Mateo 7.24). El que oye pero no hace, será como un hombre necio. Vendrá la tormenta y su casa se vendrá abajo, porque las palabras y la enseñanza por sí solas no son una base sólida.

He escrito antes sobre la manera en que nuestra congregación, en Argentina, hace muchos años luchó con ese problema. Decidimos que no podíamos predicar un nuevo sermón hasta que no se asimilara el último. En la Iglesia, en general, esa sigue siendo una idea revolucionaria. En cualquier otra esfera, donde las personas utilizan el sentido común y esperan resultados normales, no lo es.

¿Acaso su profesor de piano le permitiría pasar a la siguiente lección si no puede ejecutar correctamente la que está estudiando? No. «Tiene que practicar más», le dirá. Usted apretará los dientes, podrá decir cualquier cosa terrible en voz baja, pero sabe que él tiene razón: O se sienta a practicar o deja de estudiar piano.

Podría ocurrir que ambos decidieran engañarse mutuamente, continuar con las lecciones y chapucear toda clase de música. Pero llega el día del recital y tendrá que explicar el porqué sus manos no producen sonidos agradables. Culpar al profesor no ayudará en nada.

ENSEÑANZA VERSUS MANDAMIENTOS

Si le pregunta a un grupo de cristianos: «¿Fue Jesús un gran maestro?», todos asentirán. Yo le pediría que haga una pausa y reconsidere exactamente qué salió de la boca del Maestro. La verdad que trajo fue sin duda lo más importante que la humanidad jamás llegaría a escuchar. Jesús fue un gran Maestro. Pero no me sorprendería si hoy evaluáramos a nuestros predicadores por su sentido del humor y sus ejemplos vívidos, y descubriéramos que su popularidad como oradores es superior. Digo esto no para desmerecer a Jesús, porque su misión en la tierra no fue entretener, ni siquiera tan solo enseñar. Él vino a salvar a la humanidad, lo que implicaba poner en marcha el evangelio. Para lograrlo, *dio mandamientos.*

Si la Biblia realmente refleja la enseñanza de Jesús, sus mensajes eran bastante cortos. Estaba más interesado en *preparar* que en *dar mensajes.*

Mateo 10 registra la forma en que Jesús dio autoridad a sus discípulos sobre los espíritus impuros y poder para sanar enfermos. Pero no se detuvo allí. Se proponía que pusieran en práctica esa autoridad:

A estos doce envió Jesús, y les dio instrucciones, diciendo: Por camino de gentiles no vayáis, y en ciudad de samaritanos no entréis, sino id antes a las ovejas perdidas de la casa de Israel. Y vendo, predicad, diciendo: El reino de los cielos se ha acercado. Sanad enfermos, limpiad leprosos, resucitad muertos, echad fuera demonios; de gracia recibisteis, dad de gracia. No os proveáis de oro, ni plata, ni cobre en vuestros cintos; ni de alforja para el camino, ni de dos túnicas, ni de calzado, ni de bordón; porque el obrero es digno de su alimento. **Mateo 10.5-10**

Dijo más que eso, pero esto nos trasmite la idea. Los discípulos no se limitaron a darle la mano expresando: «¡Qué maravilloso sermón, Señor! ¡Qué alimento para la reflexión! Te veremos de nuevo el próximo domingo». En lugar de eso, pusieron a trabajar sus jóvenes músculos espirituales.

Lucas 10.17 relata la respuesta de los setenta discípulos que volvían de ministrar: «Señor, aun los demonios se nos sujetan en tu nombre». Jesús aclara sus pensamientos acerca de la autoridad espiritual diciendo: «Pero no os regocijéis de que los espíritus se os sujetan, sino regocijaos de que vuestros nombres están escritos en los cielos» (Lucas 10.20). Este debiera ser nuestro modelo de crecimiento espiritual: Recibir instrucción, practicarla, volver para hacer ajustes y salir para seguir practicando.

LA TRAMPA DEL ESTUDIO

Debemos cuidarnos del énfasis que ponemos en los sermones y los estudios bíblicos. Jesús nunca dijo: «Sean muy cuidadosos al hacer estudios bíblicos y asegúrense de usar la traducción correcta». Dijo: «*Cumplan* la palabra de Dios». Cuando Jesús necesitó un burro, no les dio a los apóstoles una lección sobre burros, les dijo dónde estaba el burro y les pidió que lo trajeran.

En cierta ocasión, tuve que predicar durante cinco noches en la capilla de un seminario donde impartía clases de homilética, que es el arte de preparar sermones. Me escucharían mis estudiantes, de modo que supuse que debía hacer bien mi tarea para que comprendieran que sabía de lo que hablaba en clase. Decidí hablar cada noche sobre la parábola del buen samaritano.

Una noche, Jerusalén representaba el jardín del Edén. Jericó, era la caída del hombre. El levita y el sacerdote de la historia representaban los religiosos de este mundo que no ayudan. El buen samaritano era Jesús, que salvó a la humanidad de la caída. Otra noche, Jerusalén era la Iglesia, Jericó era el mundo, el hombre en dificultades era un apóstata y el buen samaritano era un miembro de la iglesia que lo trae de regreso a la misma. La tercera noche, Jerusalén era la vida del Espíritu y Jericó la vida de la carne. Y así seguí durante las cinco noches: nuevas verdades, nuevos enfoques, nuevos niveles.

«¡Hermano Ortiz, qué revelación!», dijeron los estudiantes. Pero años más tarde tuve que arrepentirme de haberlos arrastrado por toda esa gimnasia intelectual. Jesús no dejó esa parábola para que los predicadores la utilizaran para jugar a la elocuencia.

¿Es demasiado simplista decir que la esencia del relato es que debemos ayudar a los que están en necesidad? Eso fue lo único que *no dije* en esas horas de charla que abarcaron mis cinco sermones.

Cuando llegué a comprender esta verdad, leí el pasaje a mi iglesia y dije: «El sermón de hoy es este. Al salir de aquí, a la primera persona que encuentren en necesidad, cualquiera que sea esa necesidad, deténganse. Suplan esa necesidad. He terminado. Quedan en libertad».

«Pero hermano Ortiz, esperábamos algo profundo», protestaron algunos. Lo que les había dado era lo más profundo a que puede llegar el camino de un cristiano. Si resolver las necesidades de otros fuera un asunto simple y directo para los cristianos, veríamos mucha menos gente necesitada en el mundo. Y muchos más cristianos ocupados.

No quiero decir que todas las iglesias deberían imitar lo que hizo la nuestra. Pero me gustaría comentarle que nos llevaba de dos a tres meses completar un sermón. Cuatro órdenes de acción en un año, no está mal, si realmente podemos hacer que la enseñanza sea parte de nuestra vida.

Tengo algo más que decir de esta tendencia a escuchar sin hacer. Pero antes, examinemos otro obstáculo para el crecimiento espiritual.

CRECER MEDIANTE LA PATERNIDAD

Completé mi preparación para el pastorado a los veinte años y permanecí soltero hasta los veintiséis. Como pastor soltero, cuando veía niños que se portaban mal en la iglesia, pensaba: «¡Cómo se atreven esos padres a permitirlo! No saben cómo gobernar sus familias. Cuando yo tenga niños, se portarán bien».

Sabía todo lo necesario sobre la crianza de niños hasta que Dios me dio hijos. Al parecer, los míos eran de los más hiperactivos. Me enseñaron tremendas lecciones. No hubiera podido madurar en ese sentido si no me hubiera convertido en padre. Lo mismo ocurre con la madurez espiritual: *No podemos crecer a menos que nos reproduzcamos espiritualmente* y nos comprometamos en la formación de nuevos cristianos.

Hebreos 5.12 dice: «Porque debiendo ser ya maestros[...] habéis llegado a ser tales que tenéis necesidad de leche, y no de alimento sólido». En otras palabras: «Debían tener hijos en Cristo y debían alimentarlos espiritualmente».

Cuando se empieza a cuidar de alguien que depende de uno, el hecho de atenderlo restringe la propia tendencia a protestar y quejarse. En mi niñez no me gustaba tal camisa, esos zapatos, lo que había para el almuerzo y muchas otras cosas. Al criar a mis hijos, comencé a verme a mí mismo, y a mis padres, de forma diferente. Cuando Marta y yo casi tiramos la casa por la ventana para financiar un viaje de la familia a California, para disfrutar de una visita a Disneylandia, ¿qué dijeron nuestros hijos? «¿Sólo vamos a California? ¡Queríamos ir a Hawaii!»

Es lo que ocurre con frecuencia en la iglesia. Siempre hay alguna queja sobre los horarios de las reuniones, sobre algo ofensivo que dijo el pastor en el último sermón, por alguno que no merece ser diácono, o lo que fuera. Mucha de la crítica se dirige al pastor, ya sea directa o indirectamente. Después de todo, es el papá de la iglesia.

Pero algo distinto sucede cuando usted tiene personas trabajando con los creyentes más nuevos. Cuando uno de ellos lo llama a medianoche para pedir un consejo, abatido por su cruz sobre sus hombros y los creyentes están haciendo lo mejor posible por cumplir con Gálatas 6.2: «Sobrellevad los unos las cargas de los otros», de pronto parece algo ridículo poner cara de abatimiento espiritual y expresar su interés por la ropa que usa la esposa del pastor en el servicio religioso.

ABARCAR EL ALFABETO COMPLETO

Poco después de la exhortación de Hebreos 5 de que «debiendo ser ya maestros», encontramos el siguiente mandamiento: «Por tanto, dejando ya los rudimentos de la doctrina de Cristo, vamos adelante a la perfección; no echando otra vez el fundamento del arrepentimiento de obras muertas, de la fe en Dios, de la doctrina de bautismos, de la imposición de manos, de la resurrección de los muertos y del juicio eterno» (Hebreos 6.1-2).

Son enseñanzas saludables, como un excelente bistec. Pero hasta un bistec se vuelve corriente y finalmente repulsivo, si uno lo come tres veces al día, todos los días. Sin embargo, ¿cómo muchas de nuestras iglesias tienen cartillas básicas —nuestro ABC— que masticamos una y otra vez?

Para que la iglesia se mantenga fresca, quienes han aprendido el ABC deberían sentir el desafío de avanzar con las letras que siguen en el alfabeto y a su vez enseñar el ABC a los nuevos cristianos. De esa manera, nadie se aburre y todos crecen. Una vez oí hablar de una iglesia que había bautizado a mil cuatrocientas personas en pocos años, pero la membresía no aumentaba. Quizás hubo algunas mudanzas y muertes, pero lo cierto es que la mayoría evidentemente se aburría y se iba a otra iglesia, o se apartaba del Señor.

Estos son, en síntesis, algunos de los obstáculos para el crecimiento de la vida de Cristo en cada uno de nosotros: vivir por leyes en lugar de nueva vida, nuestra pereza para escuchar, la creciente sordera espiritual, escuchar sin practicar y la falta de hijos espirituales. Antes de concluir el libro, quisiera abordar más de cerca este problema de escuchar sin practicar, lo cual está muy impregnado hoy en día.

17 | ¿Hay una doctrina en casa?

Un JOVEN PREDICADOR dio su primer sermón como candidato a pastor. Nadie dijo una palabra. Se quedó esperando al menos una señal de aprobación, pero no ocurrió nada. Por último, se acercó a una anciana.

—Hermana, ¿qué le pareció mi sermón? —le preguntó.

—No me gustó por tres motivos —repuso ella—. Primero, porque lo leyó. Segundo, porque lo leyó muy mal. Tercero, no me gustó porque no valía la pena leerlo.

Ya hemos visto que escuchar es algo vacío si no va seguido de acción. Eso no significa que la enseñanza no sea importante. Pero puede ocurrir que, como el joven predicador, debamos cambiar el enfoque de lo que decimos y la forma en que se recibe. La naturaleza misma de la enseñanza en la iglesia debe revisarse.

DOCTRINA SANA

La carta a Tito dice mucho acerca de esto:

Pero tú habla lo que está de acuerdo con la sana doctrina. Que los ancianos sean sobrios, serios, prudentes, sanos en la fe, en el amor, en la paciencia. Las ancianas asimismo sean reverentes en su porte; no calumniadoras, no esclavas del vino, maestras del bien; que enseñen a las mujeres jóvenes a amar a sus maridos y a sus hijos, a ser prudentes, castas, cuidadosas de su casa, buenas, sujetas a sus maridos, para que la Palabra de Dios no sea blasfemada. Exhorta asimismo a los jóvenes a que sean prudentes; presentándote tú en todo como ejemplo de buenas obras; en la enseñanza mostrando integridad, seriedad, palabra sana e irreprochable, de modo que el adversario se avergüence, y no tenga nada malo que decir de vosotros. Exhorta a los siervos a que se sujeten a sus amos, que agraden en todo, que no sean respondones. **Tito 2.1-9**

Pablo continúa dando instrucciones más explícitas en el capítulo 3:

Recuérdales que se sujeten a los gobernantes y autoridades, que obedezcan, que estén dispuestos a toda buena obra. Que a nadie difamen, que no sean pendencieros, sino amables, mostrando toda mansedumbre para con todos los hombres. Porque nosotros también éramos en otro tiempo insensatos, rebeldes, extraviados, esclavos de concupiscencias y deleites diversos, viviendo en malicia y envidia, aborrecibles, y aborreciéndonos unos a otros (**Tito 3.1-3**).

Pablo comenzó estimulando la enseñanza de la «sana doctrina». ¿Qué es eso exactamente?

Veo dos tipos de enseñanza en la Biblia. A una le llamo filosofía cristiana. No me refiero a la filosofía en el sentido secular, sino la ética pura del cristiano. Abarca los asuntos de los que podemos hablar, o filosofar, pero sobre los que en realidad no podemos hacer nada. ¿Qué podemos hacer sobre el Milenio, salvo hablar del mismo? ¿En qué se pueden aplicar las siete trompetas del Apocalipsis?

El otro tipo de enseñanza es la doctrina cristiana. Incluye los asuntos que podemos hacer, las áreas donde efectivamente podemos cambiar. Por ejemplo, Pablo dijo que las ancianas debían enseñar a las mujeres jóvenes a amar a sus esposos, a criar a sus hijos, a atender el hogar, a administrar el dinero, etc. ¿Están las ancianas de su congregación haciéndolo? Si no es así, no enseñan en su iglesia la sana doctrina.

Quizás el lector me responda que Pablo se estaba dirigiendo a otra cultura, que ahora las cosas son diferentes. Si usted vive en los Estados Unidos o en cualquier otro país industrializado en el que haya un alto índice de divorcio, donde la desintegración de la familia lleva a todo tipo de problemas sociales, probablemente necesite la sana doctrina de Tito 2 más que cualquiera otra cosa.

«¡Estudiemos la Segunda Venida!», dirán algunos.

¿Para qué? Nadie puede modificar el día en que Jesús volverá. Pero si en la congregación hay mujeres ancianas y jóvenes, se puede poner a las primeras a enseñar a las segundas.

ESPECULACIÓN INÚTIL

Con frecuencia, los más inclinados a emprender vuelos filosóficos abstractos somos los líderes. Estaba en el seminario para pastores en Puerto Rico, cuando uno de ellos me preguntó: «¿Qué piensa usted de las almas que duermen?»

Bueno, la verdad es que no pensaba nada en absoluto. (Claro que todo el que ministra a otros se pregunta de vez en cuando si las almas que están sentadas al frente están verdaderamente despiertas o si se han pegado los párpados para mantenerlos abiertos.)

—¿Qué es eso de las almas que duermen? —pregunté.

—Cuando uno muere, ¿qué pasa desde el momento de la muerte hasta el día de la resurrección? —aclaró.

—No lo sé —dije—. Nunca anduve por ahí.

—Estaremos despiertos —dijo otro con total seguridad.

Le pregunté cómo había llegado a esa conclusión.

—Porque la Biblia dice que aquellos que mueren están presentes en el Señor —explicó—. ¡Eso significa despiertos! Lázaro y el hombre rico estaban despiertos, del otro lado, cuando conversaban entre ellos.

En eso otro hermano dice:

—No, estaremos dormidos porque la Biblia dice que los que pasan a la presencia del Señor están dormidos y descansan de su trabajo. ¿Qué piensa usted, hermano Ortiz?

—No pienso nada, porque cuando morimos entramos a otra dimensión del tiempo. Para mí la muerte y la resurrección serán simultáneas, porque cuando dejamos esta tierra y pasamos al otro lado, salimos del tiempo. Ya no hay días ni años. Pero lo que sí sé es que mientras estamos en esta tierra, tenemos que amarnos los unos a los otros. En cuanto a eso de las almas que duermen, ya veremos después qué pasa. Si Dios nos hace dormir, dormimos. Si no, estaremos despiertos. ¿Cuál es el problema?

El problema es que algunas personas se inquietan con demasiada frecuencia por asuntos como este. Supongamos que todos los miembros de la iglesia deciden que dormiremos, pero luego resulta que Dios ordena que estemos despiertos. Su voto no cambiará el plan de Dios. ¡Tal vez Dios ponga a dormir a los adictos al trabajo y a los perezosos los mantenga despiertos! ¿Quién sabe?

Pablo no hablaba palabras inútiles cuando escribió Colosenses 2.8: «Mirad que nadie os engañe por medio de filosofías y huecas sutilezas, según las tradiciones de los hombres, conforme a los rudimentos del mundo, y no según Cristo». No se refería a griegos lisonjeros, que ofrecían la última golosina mental. Pablo sabía que el cristianismo podía terminar hundiéndose en el reino de la filosofía de cosas que no se pueden probar en forma contundente ni se pueden cambiar.

Por eso nuestra atención principal debe centrarse en las doctrinas prácticas. La Biblia tiene suficiente misterio para pasarse la vida intrigado, pero también tiene más que suficientes tareas cotidianas para estar ocupados toda la vida. La Gran Comisión de Jesús fue: «Por tanto, id, y haced discípulos a todas las naciones, bautizándolos en el nombre del Padre, y del Hijo, y del Espíritu Santo; enseñándoles que *guarden todas las cosas* que os he mandado; y he aquí yo estoy con vosotros todos los días, hasta el fin del mundo» (Mateo 28.19). Esta es la doctrina de Cristo: Vayan. Hagan discípulos. Bautícenlos. Enséñenles a obedecer todo lo que les he mandado.

Las cartas apostólicas están llenas de doctrina: Esposos, amen a sus esposas. Esposas, sométanse a sus esposos. Padres, no provoquen a sus hijos. Ciudadanos, obedezcan las leyes. Visiten a los presos. Cuiden a las viudas y los huérfanos. Resuelvan las necesidades de los pobres.

COMENCEMOS CON LAS RELACIONES

La doctrina debe ser práctica para que dé fruto. ¿Acaso a su vecina le interesa si usted cree en el Milenio? No. Si su vecina ve que usted sacrifica intereses personales para servir a otros y ve que sus hijos son obedientes y tienen autocontrol, quizás comience a prestar atención a lo que usted cree.

Admito que las cosas importantes de la vida, aquellas con las que jóvenes y adultos luchamos buscando respuestas, tienen que ver con las relaciones. Una persona siempre está entre otras: cónyuge, hijos, suegra, jefe, maestro, el empleado de comercio, etc. Si tuviéramos que escoger una palabra para describir qué fue lo que Dios redimió en la cruz, me inclinaría por las relaciones. La reflexión que sigue podría constituir un plan elemental para la sana doctrina basada en las relaciones.

Cuando una persona viene al Señor, su primera lección tendría que girar en torno a su relación con Dios. Esa relación estaba rota. Ahora se ha arreglado, pero ese es sólo el comienzo. El creyente tiene que aprender que Dios lo acepta, lo perdona por completo, que Dios es su «papá».

La siguiente lección se relaciona directamente con la persona. A veces un nuevo cristiano no tiene problema para que Dios lo perdone, pero no se perdona a sí mismo. La persona debe saber que Dios la ha aceptado, no en base a sus méritos sino por el sacrificio de Cristo. Si no aprende a perdonarse, la persona seguirá condenándose, luchando siempre en contra suya.

En la tercera lección hay que empezar la relación más cercana. Para un hombre casado, es su esposa. Si la muerte de Jesús es una base adecuada para que Dios acepte a mi cónyuge, ¿no será eso también suficiente para que yo acepte a mi pareja? Es preciso aprender a vivir con el cónyuge por gracia, no por la ley ni según los hechos. Aprende que debe amarla como Cristo amó a la Iglesia, lo que significa amar lo que es imperfecto.

Luego vienen los niños. Debemos enseñar a los padres a relacionarse con los niños, a no provocarlos a ira. Y a los niños hay que enseñarles a relacionarse con sus padres.

EL LABORATORIO DEL AMOR

En realidad, no sólo los niños necesitan instrucción respecto a cómo relacionarse con los padres. Solía enseñar a los mayores acerca del Milenio, la gran tribulación y esas cosas. Pero esas clases no ayudaban realmente a nadie.

De manera que comencé a enseñar el mandamiento: «Honra a tu padre y a tu madre». Les di tareas para la casa a todos, algo concreto para hacer por sus padres. Yo también me incluí en el compromiso.

Mi padre había muerto, pero llamé a mi madre, que ya era muy anciana, y le dije: «Mamá, mi esposa y yo queremos que vengas a pasar unos días con nosotros. En realidad, nos gustaría que lo hicieras todos los meses. Además, quiero ofrecerme uno de esos días para ser tu chofer y llevarte a donde quieras, desde la mañana hasta la noche».

Ella aceptó mi ofrecimiento. Mi automóvil era lo suficientemente grande como para que cupieran seis personas; ella quiso que recogiéramos a cuatro de sus hermanos. Sabía que mi madre les había testificado muchas veces, pero seguían sin aceptar a Cristo; le sugerí que no dijera nada y esperara a ver qué pasaba.

Decidieron ir al lugar donde habían vivido siendo niños, un viaje de tres horas. Sus hermanos dijeron a mi madre: «¡Qué hijo tienes! Nuestros hijos jamás nos darían un paseo así». Llegamos al hogar de la infancia y comenzaron a aflorar los recuerdos: «Aquí solía trabajar mamá, aquí conversaba con los vecinos...» Se emocionaron, lloraron y pasaron un momento maravilloso, y me daban a mí el crédito de esta peculiar reunión. Cuando preguntaron por qué había estado dispuesto a hacer algo que otro no haría, les dije: «Porque Dios dijo que honráramos a nuestro padre y nuestra madre». Esa noche, todos aceptaron al Señor.

Todo lo que hice fue tratar de poner en práctica un sencillo mandamiento bíblico y el fruto brotó solo. Deje que su luz brille.

La gente que anda en oscuridad corre hacia la luz. Jesús entendía este proceso: «Así alumbre vuestra luz delante de los hombres, para que vean vuestras buenas obras, y glorifiquen a vuestro Padre que está en los cielos» (Mateo 5.16).

También necesitamos clases para adultos que los ayuden a relacionarse con sus colegas. Por ejemplo, deberíamos enseñar a las personas que si ven a alguno preocupado cuando llegan al trabajo, le pregunten:

—¿Qué te sucede?

—Mi esposa está muy enferma —responde—. El doctor dice que debe quedarse en cama. Pero tenemos tres niños, yo no puedo dejar de trabajar y no se qué hacer.

—Dile a tu esposa que mañana se quede en cama y mi esposa le llevará una comida preparada —uno responde—. Cuando salgamos del trabajo mañana, iré a tu casa y lavaremos la ropa, bañaremos los niños y limpiaremos la casa juntos.

—Seguro que bromeas —dice el compañero de trabajo.

—No, esto es normal.

Por supuesto, no es normal para el mundo. Tarde o temprano su compañero de trabajo, y tal vez otros, le preguntarán por qué hace esas cosas. Dígales que es porque Dios nos ha dicho que amemos al prójimo como a nosotros mismos y que usted es lo bastante loco como para tomarlo literalmente.

Usted va a la casa de su amigo, hace lo que le ha prometido, le lleva unas flores y un libro a la esposa, y le dice que al día siguiente un amigo suyo pasará a ayudarlo en la casa.

—¿Quieres decir que hay otros en lo mismo? —le preguntará.

—Claro, somos muchos.

UNA APLICACIÓN RADICAL

Cuando enfatizamos la aplicación de lo que enseña la Biblia, no hace falta dedicar mucho tiempo a reuniones de la iglesia ni estudios bíblicos. A mí me gustan las reuniones de grupo, pero las prefiero radicalmente diferentes a lo que suelen ser.

Por ejemplo, mi esposa estaba preocupada por las mujeres solas de nuestra congregación, incluyendo a las viudas, a las que nunca se habían casado y también a aquellas cuyos esposos nunca asistían a la iglesia. Eligió a cinco de ellas para capacitarlas y ayudarlas a cuidar a las demás.

Una de esas cinco mujeres era muy activa en la congregación. Llegaba a cada culto por lo menos cuarenta y cinco minutos antes para limpiar y preparar el lugar. Se quedaba hasta tarde para acomodarlo todo de nuevo. Estaba en el templo casi todas las noches.

Mi esposa le preguntó por qué su esposo no era cristiano.

—Le hablo, pongo carteles con versículos bíblicos todos los días para que los encuentre, pero no ocurre nada —repuso ella.

Marta preguntó a qué hora venía y se iba del templo cada noche y descubrió que estaba allí entre las seis y las nueve. Su esposo llegaba a la casa más o menos a la misma hora que ella se iba, de manera que por lo general cenaba solo.

—Dejo la cena en la cocina y él se la calienta —manifestó la mujer—. A veces cuando vuelvo, él ya está dormido.

Mi esposa le dio a esta mujer una primer tarea difícil: Dejar de venir al templo. Era hora de que pusiera en práctica 1 Pedro 3.1-2: «Asimismo vosotras, mujeres, estad sujetas a vuestros maridos; para que también los que no creen a la palabra, sean ganados sin palabra por la conducta de sus esposas, considerando vuestra conducta casta y respetuosa».

La primera noche el esposo pensó que su mujer estaba enferma. La segunda noche pensó que se había disgustado con el pastor. A la tercera noche le preguntó por qué no estaba asistiendo a la iglesia. Ella le contó que el pastor y su esposa le habían aconsejado que se quedara en casa.

—Tengo que confesar que todos estos años he sido una mala esposa. Te dejaba solo para poder ir al culto. Desde ahora iré nada más que un día a la semana y nos pondremos de acuerdo cuál día conviene que sea.

Inmediatamente se volvieron mucho más amigos entre ellos. Incluso él comenzó a acompañarla a la iglesia, aunque nunca entraba.

La mujer continuó en la clase de mi esposa. Marta trató de enseñarle a preparar comidas diferentes, a tender la mesa de un modo nuevo, cómo comportarse en la cama... hablaron de todo lo que uno se pueda imaginar.

Después de algunas semanas, este hombre le dijo a su esposa:

— Eres una mujer diferente. ¿Qué ha ocurrido?

—Bueno, tengo que confesarte algo —repuso ella—. Aunque no asisto a la iglesia todas las noche, una vez por semana algunas de nosotras nos reunimos con la esposa del pastor y ella nos está enseñando a ser mejores esposas.

—¿Tienen también un grupo donde enseñen a ser mejor esposo? —preguntó él.

Tres meses más tarde se bautizó. Lo que ella no pudo hacer con palabras en treinta años, lo logró en cuestión de meses mediante su conducta.

Donde se practica el amor cristiano, no encontrará a la gente dividida. El amor une a las personas. Sana lo que no podría sanar ninguna otra medicina. En cambio, lo que tiende a dividir son las especulaciones cristianas, como veremos en el próximo capítulo.

18 | *Cómo multiplicar dividiendo*

Cuando mis cuatro hijos vivían en casa, si bien yo era sólo el papá, tenía que ser muchas cosas para ellos. Uno de mis hijos era callado y reflexivo. El otro era todo un artista.

Todos los días, cuando llegaba a casa, David me decía:

—Papá, vamos a jugar tenis —y lo hacíamos.

—Vamos a jugar a los caballitos, papá —pedía la niña. De modo que me ponía en cuatro patas y ella se subía a mis espaldas y jugaba a andar a caballo.

Para mí no era un problema pasar de una actividad a otra, porque era el padre de todos. Pero si pretendía que los hermanos cooperaran entre sí, eso era harina de otro costal.

—Juguemos al tenis —pedía la hermanita menor a David.

—¡Vete de aquí! —le gritaba—. No sabes jugar. ¡Se te escapan todas las pelotas!

Ella protestaba. Yo le decía a David que la dejara jugar.

—¡No!, ella va a arruinar el partido.

Y así. Éramos una gran familia feliz... hasta que tratábamos de hacer algo juntos.

Afortunadamente, Dios es padre. Puede jugar al caballito con los presbiterianos y al tenis con los luteranos. Ambos grupos continúan satisfechos porque han tenido comunión con Él.

El problema es que Dios nos deja a quienes estamos en diferentes denominaciones encontrar cómo relacionarnos cuando queremos jugar unos con otros. Muchos juegos terminan en una disputa. Muchos proyectos ni siquiera se inician.

He dedicado todo este libro a hablar acerca del Dios que está tan cerca que vive en nosotros. Él desea tener una comunión continua con nosotros y anhela ver que esa creciente relación se extienda hacia el mundo a medida que ponemos en práctica su Palabra. A menos que la iglesia trabaje como un grupo que lleva la vida de Cristo en su interior, la unidad que Cristo desea para su esposa, la Iglesia, nunca se hará efectiva.

PERFECCIONADOS EN LA UNIDAD

Cuando mis hijos eran pequeños solían hacer ciertas oraciones en voz muy alta cuando yo podía escucharlas.

«Señor, tú sabes cómo queremos ir a Disneylandia», creo que Jesús hizo algo así la noche anterior a su crucifixión. Jesús, que antes había enseñado que por lo general las oraciones deben hacerse en secreto, hizo su plegaria en Getsemaní, en voz alta, y el Espíritu Santo se encargó de que quedara registrada para la posteridad en las Escrituras:

Mas no ruego solamente por éstos, sino también por los que han de creer en mí por la palabra de ellos, para que todos sean uno; como tú, oh Padre, en mí, y yo en ti, que también ellos sean uno en nosotros; para que el mundo crea que tú me enviaste. La gloria que me diste, yo les he dado, para que sean uno, así como nosotros somos uno. Yo en ellos, y tú en mí, para que sean perfectos en unidad, para que el mundo conozca que tú me enviaste, y que los has amado a ellos como también a mí me has amado. **Juan 17.20-23**

Debido a que Jesús hizo esta oración antes de su muerte, fue como su último testamento, que expresaba su voluntad final. El mandato a la unidad es inexcusable. No deja razón alguna a ninguna denominación o iglesia para que considere sus normas, hábitos o valores como la verdad final respecto a la vida cristiana. En las Escrituras el mandamiento a la unidad es mucho, mucho más claro que: «No debe fumar» o «No debe beber vino» o «Debe bautizarse por inmersión».

El solo hecho de que existan denominaciones ya va en contra de las Escrituras. En ellas no encontramos que se mencionen a bautistas, metodistas, ni anglicanos. La única revelación de la Biblia sobre la estructura de la Iglesia es que es universal y local. La universalidad de la Iglesia es su cualidad de estar en todo el mundo y ser básicamente la misma, centrada en Jesús. La iglesia local es la expresión de la universal en un determinado lugar. La tercera dimensión —denominacional— la agregaron los seres humanos por nuestra incapacidad de entendernos entre nosotros.

DIVISIONISMO

Las denominaciones han causado división. Estoy convencido de que no exagero cuando digo que la división dentro de la iglesia es pecado. Hay un solo Dios y no tenemos ninguna razón para suponer que Él esperaba más de una iglesia.

Y quiero ir más allá aún: Es demasiado suave decir que la iglesia está dividida. Se puede dividir un número mayor que uno en otros números enteros. Diez es dos veces cinco. Pero no se puede obtener más de un número entero a partir de la unidad. En cambio, la *rompe* en fragmentos. La iglesia está rota.

¿Recuerda el caso de los dos bebés que hizo famoso a Salomón? Ambas mujeres dormían en el mismo cuarto con sus recién nacidos, una de ellas se volvió sobre el costado y accidentalmente mató a su bebé. Lo que hizo fue cambiar su bebé por el de la otra madre y al día siguiente ambas discutieron sobre quién era la verdadera madre del niño vivo. Salomón dijo:

—Ya que no pueden decidirlo, lo dividiremos en dos y cada una tomará una parte.

—Muy bien —dijo la falsa madre.

—¡No! —suplicó la verdadera madre del bebé—. Dénselo a ella.

Salomón supo de inmediato que la verdadera madre era la que estaba dispuesta a abandonar sus esperanzas por el bien de su hijo. Tenía intereses más elevados que su propia satisfacción.

Hoy en día existen demasiados cristianos que con mucha facilidad dicen: «No podemos aceptar esto o aquello. Tendremos que dividir la iglesia». Dios preferiría que adoptáramos la otra perspectiva: «Por favor, Dios mío, renuncio a todo en beneficio del otro grupo, pero no quiero que dividas tu iglesia».

No quiero decir que debamos renunciar a nuestra creencia en la encarnación, el nacimiento virginal, la muerte y resurrección de Jesús. Pero la mayoría de nuestras diferencias no se originan en las cuestiones esenciales de la fe, sino en asuntos secundarios: el bautismo de niños, el beber vino, el hablar en lenguas, por ejemplo.

Cuando hablamos en contra de otra iglesia o denominación nos estamos hiriendo a nosotros mismos, porque pertenecemos al mismo cuerpo. A veces ocurre que los dientes muerden accidentalmente a la lengua. La lengua perdona a los dientes porque ambos son parte del mismo cuerpo. Uno puede elegir a los amigos, pero no a los hermanos en una familia. Está esencialmente unido a ellos. Lo mismo es cierto en cuanto a nuestros hermanos en Cristo.

Sé que estoy expresando conceptos radicales aunque idealistas en relación al denominacionalismo, pero también soy realista: sé que no hay forma en que podamos borrar las diferencias interdenominacionales. Tal vez Dios pueda hacerlo, pero nosotros no. Cuando alguien trata de borrar o transformar radicalmente una denominación, por lo general termina empezando otra.

Opto por ignorar las diferencias entre las denominaciones. Aunque pertenezco a una, me siento como en casa en todas las demás. Si los católicos progresan, digo: «¡Aleluya! *Estamos* avanzando». Si los bautistas construyen un nuevo edificio, digo: «*Tenemos* un nuevo edificio, ¡alabado sea Dios!»

Cuando voy a una iglesia bulliciosa, yo también me pongo de pie y aplaudo. Cuando voy a una episcopal y me dan para que use una sotana negra y otros atuendos, me uno con gozo a su solemne liturgia. Cuando participo de un servicio carismático y comienzan a bailar, yo hago lo que puedo por mover los pies también. Como dijo Pablo: «A todos me he hecho de todo» (1 Corintios 9.22).

Usted también puede ignorar las diferencias. Depende de usted y de lo que abriga en su corazón. Todas las iglesias cristianas profesan amor por Cristo y todas pueden hablar de las bendiciones que Dios les ha dado. Entonces, ¿quién es uno para decir que tal o cual denominación está fuera de línea? Dios es Padre y ama a todos sus hijos.

Tendemos a dar muchas excusas frente al mandamiento de Jesús de amarnos los unos a los otros. «¡Es que ellos actúan como si no fueran salvos!» La Biblia dice que amemos al prójimo. «¡Pero son mis enemigos!» Jesús dijo que debemos amar incluso a nuestros enemigos. No podemos equivocarnos cuando decidimos amar.

LA ESQUIVA RECTITUD

Cuando nos resulta difícil amar a los miembros de otras denominaciones a causa de su dogma, necesitamos ser sinceros con nosotros mismos. ¿Con qué criterio evaluamos nuestras doctrinas como mejores que otras? Si en realidad somos tan proclives a la pureza intelectual de la doctrina y la práctica cristianas, ¿qué nos hace pensar que la enseñanza de nuestra iglesia sea la número uno? ¿No deberíamos estudiar en los seminarios de todas las demás denominaciones para estar seguros?

Por supuesto, eso no es práctico. A decir verdad, no importa. Dios nunca se propuso que cumpliéramos una condena de por vida en los seminarios. La salvación no puede depender de que seamos partidarios del dogma correcto. *La salvación depende de que estemos en relación con la persona correcta.*

Si sólo tomamos en cuenta cómo las iglesias se dividen debido a la doctrina, uno jamás pensaría que el reino de Dios está centrado en una persona. Más bien podría ocurrir que, al llegar a las puertas del cielo, Pedro nos dijera: «Esperen un momento, primero tienen que pasar el examen de doctrina».

Entonces nos entrega una hoja de papel y un lápiz.

«Este es nuestro examen de doctrina básica. Son diez preguntas. Si obtienen entre cuatro y seis respuestas correctas, irán trescientos años al purgatorio, para recibir lecciones de doctrina. Si no superan tres respuestas correctas, más vale que se pongan ropa de verano».

Muy nerviosos aceptamos la hoja de papel y el lápiz y miramos rápidamente la primera pregunta.

«¿En cuál bautismo cree?:

_____ inmersión, _____ ablución, _____ aspersión;

de: _____adulto; _____ niño; _____ otro».

Usted sabe perfectamente qué practicaba su iglesia, pero ahora duda si la respuesta correcta no será alguna otra cosa. De manera que elude la pregunta por el momento y sigue con la segunda.

«¿Es usted

_____ premilenarista; _____ posmilenarista, o

_____ amilenarista?»

Afortunadamente, el cielo no será así. No harán un examen de doctrina y en lugar de eso Pedro nos tomará el pulso. Aquel que tiene al Hijo, tiene la vida. Si algo llega a tener Pedro en la mano será un estetoscopio y lo pondrá directamente sobre su corazón.

«Percibo un fuerte latido de amor, de gozo, de paz. Entra», dirá.

Alguno declarará que tiene todas las doctrinas correctas y que ha asistido a todas las reuniones de iglesia y ha actuado tal como debiera hacerlo una persona ideal según su denominación. Pero eso poco importa.

Si yo hablase lenguas humanas y angélicas, y no tengo amor, vengo a ser como metal que resuena, o címbalo que retiñe. Y si tuviese profecía, y entendiese todos los misterios y toda ciencia, y si tuviese toda la fe, de tal manera que trasladase los montes, y no tengo amor, nada soy. Y si repartiese todos mis bienes para dar de comer a los pobres, y si entregase mi cuerpo para ser quemado, y no tengo amor, de nada me sirve.

1 Corintios 13.1-3

Nada quiere decir exactamente «nada». Si no ponemos cuidado, mucha de nuestra actividad religiosa quizás no nos lleve a ningún lado. ¿Cuántos nos sorprenderemos al llegar al cielo? Muchos nos habremos pasado la vida hiperactivos en el templo, preparándonos para nuestro examen doctrinal, sólo para encontrarnos con que, al presentarnos a las puertas del cielo, el Dr. Pedro saca su estetoscopio. No permita que su vida espiritual se desvíe hacia los asuntos doctrinales que sólo tienden a dividir.

En el capítulo final completaremos este enfoque acerca de la doctrina y las divisiones en la Iglesia y enfocaremos algunos pasos que podemos dar hacia la sanidad de los problemas causados por este pecado.

19 | *La paz es posible*

MI PADRE MURIÓ cuando yo era niño, dejando a mi madre con cinco pequeños. Pudimos comprar una casa, bastante linda y a un precio razonable.

Cuando nos mudamos, descubrimos por qué nos había resultado tan fácil adquirirla. En nuestro entusiasmo, no habíamos observado que estaba ubicada al lado de las vías del ferrocarril. Varias veces por hora teníamos que soportar los: «¡Whooooo! ¡Whooooo! Chuuuucu... Chuuuuucu... ¡Whooooo!»

La primera semana perdimos tanto sueño que andábamos nerviosos y peleábamos por todo. Después de algunas semanas, ocurrió algo extraño: nos acostumbramos al ruido. Dormíamos en paz. Cuando teníamos visitas, por supuesto, no podían dormir, pero en su caso era un problema temporal.

Algunos años más tarde los empleados del ferrocarril hicieron una huelga y los trenes se detuvieron durante algunos días. ¡No podíamos dormir! Nos habíamos acostumbrado tanto al ruido, que lo necesitábamos para dormir. Nuestra adaptación, sin embargo, no significaba que tanto ruido fuera bueno.

¿Sabía que las personas, como los trenes, pueden ser muy ruidosas? No me refiero a las que tienen voz fuerte, sino a las que se consumen por cuestiones superfluas semejantes a un ruido, porque resultan innecesarias. Pablo escribió que el cristiano sin amor es como «metal que resuena o címbalo que retiñe» (1 Corintios 13.1). De la misma manera, las divisiones en la iglesia, ya sea por motivos de doctrina o denominaciones, surgen cuando no hay verdadero amor. Podemos acostumbrarnos a esas divisiones, pero eso no disminuye el desagrado que Dios siente por ellas.

Es como si un hombre ingresara a su iglesia y usted descubre que ha sido un polígamo y ha estado viviendo con diez mujeres durante años. Usted se acerca con amor y le dice:

—Escuche, hermano, si quiere seguir a Jesús tendrá que cambiar su vida. Puede tener sólo una esposa.

—¡Pero, vamos! Hemos vivido así muchos años. Estamos todos acostumbrados a esto. No esperará que cambiemos ahora —responde el hombre.

Todos hemos conocido la iglesia con las divisiones que tiene. No podemos retroceder el almanaque hasta el año treinta y tres de la era cristiana y tratar de evitar cada división en la historia del cristianismo. Pero hay algunas cosas que se pueden hacer para reducir las divisiones.

DESHACER LAS BARRERAS

Primero, *reconozca que no hay diferencia superior al cambio.* No importa lo grande que sea la divergencia sobre una enseñanza en particular, no importa la violencia con que su iglesia y alguna otra se agredan mutuamente, puede llegar la paz. Quizás requiera la intervención de Dios, pero Él está dispuesto a hacerlo.

Observe a la iglesia primitiva. Dos grupos cristianos prominentes que se mencionan en Hechos fueron de Jerusalén y Antioquía. La iglesia de Jerusalén era muy judía. Cumplían con la adoración, daban el diezmo y sacrificaban en el templo. Además, circuncidaban a cada varón que nacía. Guardaban todas las festividades judías. Cumplían con la Ley Mosaica. Creían en Cristo y seguían tratando de ser judíos perfectos. Como sus profetas hablaron del Mesías y Jesús vino como uno de ellos, llegaron a la conclusión de que Dios no los había descartado como pueblo escogido.

En Antioquía las cosas eran diferentes. Una vez que Pedro atendió a Dios con un sueño, recibió una visita divinamente inspirada de parte de Cornelio y se produjo el derramamiento del Espíritu Santo sobre los gentiles, al fin entendía que Jesús hablaba literalmente cuando dijo que quería que el evangelio se predicara en *toda* la tierra. Ese solo hecho echaba por tierra el privilegio exclusivo de los judíos de ser el pueblo escogido.

La iglesia de Antioquía comenzó con gentiles. Estos sabían poco y nada de la Ley de Moisés, los profetas y toda la cultura judía. Todo lo que conocían era a Jesús y su crucifixión, y eso les era suficiente.

Como Antioquía y Jerusalén estaban bien distantes y no había servicios el domingo por la mañana televisados de la Primera Iglesia de Antioquía para que los judíos pudieran seguir su desarrollo, todo anduvo bien. El problema surgió cuando un agente de viajes organizó una visita de ciertos hermanos judíos a Antioquía.

Me imagino que habría un tremendo gozo entre la gente de Antioquía por la llegada de sus huéspedes. Se abrazaron unos a otros. Cantaron, alabaron a Dios y hablaron de la bondad del Señor.

Después del servicio, Pablo dijo:

—No podemos permitir que estos queridos hermanos pasen la noche en el hospedaje de la ciudad. Creo que deberíamos invitarlos a nuestras casas y practicar la hospitalidad.

Todos estuvieron de acuerdo con la sugerencia del apóstol.

Una vez en los hogares, quizás alguno de los creyentes de Antioquía haya dicho:

—¿Qué le gustaría para el desayuno mañana? ¿Qué le parece huevos con tocino?

—¿Cómo? ¿Usted dijo tocino?

—Claro —respondió el anfitrión.

—Pero eso es inmundo —repuso el visitante judío.

—No, no se aflija. Nuestra cocina es muy limpia. El Departamento de Higiene de Antioquía la inspecciona mensualmente. Venga a ver.

—Pero usted no me entiende, Moisés nos prohibió comer carne de cerdo.

—¿Moisés? —pregunta el anfitrión—. No conocemos a ese pastor. Nunca vino aquí.

El judío se toma la cabeza entre las manos, mirando fijamente a la mesa. Balbucea algunas palabras en hebreo. ¿Con qué clase de patanes incivilizados se había metido?

—Empiezo a pensar que quizás ni siquiera practiquen la circunsición en Antioquía —inquiere el visitante.

—Ah, usted prefiere circunsición para el desayuno. No lo he probado nunca, pero voy a dar una vuelta por el supermercado a ver si tienen algo de eso. No hay problema.

—¡La circunsición no es un desayuno! Abraham circuncidó a Isaac.

—¿Abraham? ¿Isaac? Perdón, esos predicadores nunca han pasado por aquí. La verdad es que allá en Jerusalén tienen a todos los grandes. Nadie se molesta en venir aquí. Sólo conocemos a Pablo y Bernabé.

Ya puede imaginar el resto del cuadro: dos culturas cristianas muy, *muy* diferentes. Si sucediera entre nosotros, lo más probable sería que formaran dos denominaciones y no volverían a hablarse nunca más. Pero lo que ocurrió en esa ocasión fue algo muy distinto.

Pablo y otros volvieron a Jerusalén y tuvieron un concilio con los ancianos. Para ese momento, ya podrían haber ocurrido muchas cosas. Una alternativa era descartar a todo el grupo de Antioquía como una secta falsa. Otra era reconocer de mala gana a la iglesia de Antioquía como una nueva denominación (y por supuesto inferior). Podrían haberles enviado algunos rollos con la Ley y las enseñanzas de los profetas y un Curso de Estudios Bíblicos programado con mandamientos explícitos a los cuales ajustarse o renunciar. Esas hubieran sido soluciones humanas.

En lugar de eso, buscaron al Dios que estaba cerca. No sólo escucharon con buena disposición a Pedro y a los demás cuando les contaron las cosas nuevas que Dios estaba haciendo, sino que al final exclamaron: «Ha parecido bien al Espíritu Santo, y a nosotros, no imponeros ninguna carga más que estas cosas necesarias» (Hechos 15.28). De modo que escribieron algunos requerimientos sencillos y eso fue todo.

Si pudieron salvar semejante obstáculo, ¿por qué no podemos nosotros sortear otros, mucho menores?

DISPUESTOS AL SACRIFICIO

El haber nacido en un mundo religioso, lleno de denominaciones y estar por ello acostumbrados al ruido de los trenes y al sonido de los timbales discordantes en nuestro corazón, no es una excusa aceptable. Las divisiones en la iglesia son un pecado. ¿Con qué derecho reprendemos al adúltero si toleramos semejante pecado en medio nuestro? Somos tan carnales como el adúltero, porque en la base de nuestras divisiones hay egocentrismo carnal. No podemos ni siquiera imaginar que nuestra dulce iglesia pudiese estar equivocada y, en consecuencia, automáticamente condenamos a las que difieren de nosotros.

Lo que digo no es la observación superficial de alguien que asiste por pasatiempo a la iglesia. Cuando descubrí el concepto que Dios tenía de nuestras divisiones —y cómo yo mismo había participado de este pecado—, me recluí dos semanas en un monasterio trapense para ayunar y orar. Los monjes de la Trapa tienen un voto de silencio que sólo interrumpen para la celebración de la misa. De modo que no sólo oraba, sino que para variar mantuve mi boca cerrada, esto fue muy bueno porque Dios quería hablarme.

Un día lo hizo mediante su Espíritu, cuando estaba solo en esa enorme capilla. Fui hasta el altar y literalmente me dejé caer sobre él.

«Señor, me ofrezco como un sacrificio vivo por la unidad de la iglesia. De ahora en adelante, muero a mí mismo, a mi denominación, a cualquier "ismo" que haya en mí. Desde ahora quiero vivir para la unidad. De mi boca no volverá a salir ninguna palabra contra iglesia ni persona alguna. Trataré de ser un puente para el acercamiento. Un catalizador de la unidad dentro de tu Cuerpo».

Esa era la parte más fácil. Pero luego tenía que volver a casa y hacer algo.

Durante cuatro o cinco meses enseñé sobre la unidad a mi congregación, que en ese entonces ya tenía alrededor de mil quinientas personas. Al final, les pregunté: «¿Cuántos creen que la iglesia es una?»

Muchas manos se levantaron.

«Bájenlas. ¿Cuántos *realmente* creen que la iglesia es una?»

Se levantaron más manos todavía.

«¿Cuántos están dispuestos a demostrarlo con su propia vida?»

De nuevo se levantaron muchas manos.

«Bien». El próximo domingo asistan a la iglesia más cercana a su hogar, ya sea católica, luterana o presbiteriana. El dinero que gastan generalmente en ómnibus, taxi o en su automóvil, pónganlo en la ofrenda de esa iglesia. Sólo los que vivan más cerca de esta iglesia, vengan aquí».

Silencio. No querían aceptar el desafío. Pero un tercio de la congregación obedeció.

Con el tiempo transferimos alrededor de doscientas personas a la iglesia católica, cincuenta y tres a la anglicana y otros a diferentes iglesias. Esto dio lugar a muchas cosas buenas, como el hecho de que me hayan invitado a hablar en muchas denominaciones. Por ejemplo, me invitaron a predicar en la iglesia de la Convención Misionera de Inglaterra y a hablar en la ordenación de un obispo en la iglesia episcopal en Latinoamérica.

No digo que este sea el modelo definitivo para el crecimiento de la iglesia. Pero quiero destacar lo realmente grave que es la división en la iglesia. Quiero que perciba la sinceridad en el corazón de Jesús cuando oró diciendo: «Padre... que sean perfectos en unidad». Si este fue su último deseo, no podemos conformarnos con menos.

DÉ PASOS POSITIVOS

Hay otras cosas que podemos hacer para lograr una mayor unidad en el cuerpo de Cristo. La primera que hemos considerado es aceptar que ninguna diferencia es tan grande que no la podamos superar.

Otra es, *jamás hablar en contra de otra iglesia o congregación*. «Pero ellos están muy equivocados en ese asunto». ¿No sospecha que su iglesia también puede estar equivocada en algo, aunque todavía no lo perciba? Recuerde la advertencia de Jesús de quitar la viga de nuestro ojo antes de preocuparnos por la paja del ojo ajeno. Una manera de ver las diferencias entre iglesias y denominaciones es que no se trata de que una esté acertada y la otra no, sino de que los errores y aciertos están distribuidos entre todas.

Otro paso es *perdonar*. ¿Piensa que los episcopales son demasiado fríos? Tal vez tenga razón, tal vez no, pero perdónelos igual. ¿Le parece que los pentecostales saltan y bailan demasiado? Perdónelos. La próxima vez llévese un abrigo a la iglesia episcopal y ropa cómoda al culto de los pentecostales. Pero no los juzgue.

Si Dios sólo nos aceptara sobre la base de nuestras actuaciones, o por nuestra adhesión a cierto código religioso, todos fallaríamos. Asimismo, no hay ninguna base para que juzguemos a otros y mucho menos a partir de nuestra precaria comprensión de qué es exactamente lo que está bien o mal.

Creo que hoy Dios está tratando de reagrupar a su pueblo. Tal vez debería decir que está tratando de desagruparlo.

Imaginemos un hombre que está tratando de vender su granja lechera. Un comprador que viene observa algo extraño: las vacas están separadas en unos seis u ocho grupos. El interesado pregunta el motivo.

—Bueno, aquí estamos muy organizados —dice el granjero—. Las vacas de este grupo tienen las patas cortas.

—Sí, ya veo. Pero las de ese grupo también tienen patas cortas.

—Sí, pero esas vacas de patas cortas tienen la cola más larga —responde el granjero.

—Ah... pero ese grupo allá también tiene patas cortas y cola larga. ¿Por qué está separado?

—Porque tiene cuernos largos.

—Pues, claro. ¿Y por qué están separadas esas que tienen patas cortas, cola larga y cuernos largos?

—Porque son blancas —dice el granjero.

Nuestras divisiones son tan tontas como las del granjero. Cuando muramos, habrán sólo dos grupos: los que se amaron los unos a los otros y los que no lo hicieron. «Las ovejas y las cabras». Dios no andará con una lista de control en la mano verificando los que siguen una norma y los que siguen otra. Se interesará en quienes lo han aceptado y han dado su amor a otros. «Porque tuve hambre, y me disteis de comer; tuve sed, y me disteis de beber; fui forastero, y me recogisteis; estuve desnudo, y me cubristeis; enfermo, y me visitasteis; en la cárcel, y vinisteis a mí» (Mateo 25.35-36). Si hay algún tipo de modelo en el que Dios se va a fijar, es este. «Nosotros sabemos que hemos pasado de muerte a vida, en que amamos a los hermanos» (1 Juan 3.14).

Nuestras más elaboradas excusas para dividirnos sólo producen ruidos discordantes al oído de Dios. Lo menos que podemos hacer, y lo más que podemos hacer, es amar a los hermanos y amar a los que necesitan ver de primera mano el amor de Dios. Nuestra naturaleza carnal se estremece cada vez que lo intentamos. Es por eso que Dios ha puesto su vida en nosotros. Esa vida permanece en nosotros todos los días, a cada hora, en la iglesia y fuera de la iglesia.

No importa qué nos ocurra en este mundo, Dios es suficiente para nosotros. Él ha prometido que nunca nos dejará. A medida que nos postremos en su presencia, conoceremos el gozo y la paz y la verdadera aventura de vivir cada día con Jesucristo, el Dios que vive y reina en cada uno de nosotros.